Meine
LIEBLINGS
KUCHEN

Ausgefallene Tortenrezepte und
Kuchenideen von Meisterkonditor
Marcel Seeger zum Selberbacken

LV. Buch
Die Begeisterungswerkstatt

Vorwort

Liebe Leserin, lieber Leser,
liebe Zuschauerinnen und Zuschauer,

dieses Buch ist das Ergebnis Ihrer vielen schönen Rezeptideen, die Sie im Laufe der Zeit an die WDR-Redaktion von „Hier und heute" eingesendet haben. Dafür gebührt Ihnen ein großes Dankeschön! Es hat mir große Freude gemacht, aus diesem Fundus die Rezepte auszusuchen, die ich Ihnen in diesem Buch präsentiere.

Alle Rezepte habe ich in der Sendung gebacken, damit sind sie erprobt und gelingsicher. Aus meiner über 30-jährigen Berufserfahrung habe ich den ein oder anderen Tipp hinzugefügt. So haben Sie es zu Hause so leicht wie möglich, ein ebenso schönes und geschmackvolles Backergebnis zu erzielen, wie mir das live im WDR-Fernsehstudio gelungen ist.

Ich habe in die Vorbereitung und Entstehung dieses Buches sehr viel Leidenschaft gelegt, weil mein Beruf für mich nicht nur Beruf, sondern Berufung ist. Bei der frischen Herstellung der in diesem Buch gezeigten Torten hatten alle Beteiligten – damit meine ich die Fotografinnen, die Mitarbeiter des Verlags, mein eigenes Team und nicht zuletzt mich selbst – eine Menge Freude und Spaß. Es wurde viel gelacht und miteinander gesprochen und diskutiert, bis letztendlich das optimale Ergebnis in Wort und Bild gefunden war. Die Atmosphäre war dabei wie in der heimischen Küche, wo ja auch, wie wir im Rheinland sagen, eine Menge „palavert" wird! Denn das Backen von Torten und Kuchen ist ja ein Genuss nicht nur für den Gaumen, sondern auch für die zwischenmenschliche Kommunikation. Ich glaube, dabei kommt auch die Seele nicht zu kurz! Ich empfinde es auch nach vielen Jahren in meinem Beruf immer noch als beglückend, wenn ein gut überlegtes Rezept im Ofen optimal gelingt und man sehen kann, wie ein schönes Ergebnis entsteht.

Und wenn dann noch der Duft von Frischgebackenem in der Luft liegt … Dann kann man es kaum erwarten, davon zu naschen!

Apropos naschen! Da habe ich ja im Studio immer genügend nette und fröhliche Kolleginnen und Kollegen in meiner Nähe, die nur darauf warten, dass bei den gemeinsamen Backaktionen etwas probiert werden kann … oder besser noch „abfällt"!

Aber eines ist mir noch ganz wichtig zu erwähnen: In meiner langjährigen beruflichen Laufbahn war und bleibe ich immer davon überzeugt, dass man ohne sehr gute, frische und manchmal auch außergewöhnliche Zutaten keine leckeren und genussvollen Torten und Kuchen herstellen kann. Das gilt für das Backen zu Hause und für mich als Profi. So können Sie mit diesem Buch Ihre Lieben und sich selbst immer wieder geschmacklich überraschen und dafür sorgen, dass Ihre Kaffeetafel zum leckeren Treffpunkt vieler glücklicher Gesichter wird.

Ich wünsche Ihnen beim Lesen, Stöbern, Entdecken der Geschichten und Ausprobieren der Rezepte in diesem Buch viel Freude und Vergnügen.

Und zwischendurch, wie beim Naschen eines frisch gerührten Kuchenteiges, ein schmunzelndes Lächeln … So wie ich es immer habe, wenn ich wieder live im Fernsehstudio stehen darf.

Ihr
Marcel Seeger

INHALT

„Empathisch, authentisch, glaubwürdig"

Von den Professionen des WDR-Torten-Experten Marcel Seeger

Nein, wie ein Notar wirkt er nicht. Dafür ist er nicht genügend Dunkler-Anzug-Typ. Hat nicht die gewohnte Ausstrahlung des ernsten Hüters von Recht und Urkunden. Gegen gute Honorare.

Genau zu diesem Beruf hat ihm jedoch einst sein Großvater geraten. Marcel sollte es mal besser haben als der. Vor allem nicht so früh aufstehen müssen, wie es ein Bäcker nun mal muss. Wie es der Großvater eben musste.

Auf einen zu kommt ein Mann in der Mitte seiner Fünfziger, im strahlend-weißen Outfit des Konditormeisters. Dabei hat er eine eher jungenhaft-offene Ausstrahlung. Jederzeit aufmerksam reagierend auf seine Umgebung. Sehr wachsam. Man merkt schnell, dass dahinter ein Mann steckt, der klare Vorstellungen hat von dem, was ein Konditormeister leisten kann und muss. Was das Leben im Dienste der Torten und Kuchen ihm bringen soll. Außer Einkommen. Er will mehr vom Leben. Gibt dafür viel von sich her: Energie, Zeit, Kraft. So einer fühlt sich wohl, wenn er Bühnen hat – ob die eigene Konditorei oder ein Fernsehstudio.

Ein geradliniger Niederrheiner. Bodenständig, abwägend, mit zeitweisen Ausbrüchen zu Innovationen, wenn es um die Kreation von neuen, süßen Versuchungen geht. Aber auch nicht zu viel. Das Niederrhein-Gen hat er verinnerlicht. Nicht verschlossen, aber er muss von der Sinnhaftigkeit, Neues zu probieren und zu wagen, zutiefst überzeugt sein. Oder werden. Erst recht bei der Auswahl leiblicher Genüsse. Man neigt zu Skepsis. Oder besser noch zu abwartendem Optimismus.

„Ich bin mit dem Geruch von Frischgebackenem aufgewachsen",

erinnert sich Seeger an seine Kindheit.
Deswegen wählt der Niederrheiner beispielsweise im Konditoren-Sortiment lieber bekannte Genüsse wie Käse- oder Apfelkuchen. Die beiden Klassiker laufen am besten in Marcel Seegers Konditorei in Nettetal. Ein typisches Niederrhein-Städtchen: gemütlich, gepflegte Ziegelsteinhäuser, gut erhaltene Altstadt. Hie und da haben sich die Sünden der Beton-Architektur der Neuzeit eingeschmuggelt.

Marcel Seegers Konditorei mit integriertem Café und schöner mit Blumen bepflanzter Sonnenterrasse ist ein Traditionsbetrieb. Seit 1895 im Familienbesitz.

1967 ließen seine Eltern das Eckhaus an einer belebten Straße in der Innenstadt abreißen und durch einen Neubau mit moderner Funktionalität ersetzen. Sie genügt bis heute den Erfordernissen und Ansprüchen eines solchen Betriebs.

Veränderungen, Zeitgeist-Anpassungen, neue Ideen finden auf den Tortentellern und im Außer-Haus-Verkauf statt. Denn bei aller Vorsicht des Niederrheiners – er will schon Neues kennenlernen. Und dann entscheiden.

Eines allerdings hat sich strukturell verändert: Seegers Konditorei ist inzwischen die einzige in Nettetal mit seinen gut 40 000 Einwohnern. Das war mal anders vor den Zeiten von Gefriertorten und Supermarkt-Kuchen.

Wir treffen uns also in Seegers Café zum langen Gespräch. Wenn er auf einen zukommt, hoch aufgeschossen, schlank, anpackend, raumgreifenden Schrittes, rechts und links Gäste freundlich grüßend, ein Mann der Tat und nicht des Träumens, dann ahnt man: Da lässt sich einer nicht so schnell von den speziellen Anforderungen des Konditor- und Geschäftslebens umwerfen. Downs gehören dazu wie die Ups. Letztere sollten in der Bilanz allerdings in der Mehrheit sein.

„Ich bin mit dem Geruch von Frischgebackenem aufgewachsen", erinnert sich Seeger an seine Kindheit. Die Eindrücke aus der Backstube daheim bestimmten dann irgendwann seine sorgsam getroffene Berufsentscheidung: „Ich war ein guter Schüler, hätte sicherlich andere Berufskarrieren anstreben können. Aber ich habe durch meine Eltern mitbekommen, welche Möglichkeiten es durch den Konditorberuf gibt, sein Leben zu gestalten und Dinge zu machen, die andere nicht machen können."

Von den unumgänglichen Maschinen in der Produktion war der junge Marcel zudem fasziniert.

Also arrangiert er sich mit den unkommoden Arbeitszeiten und lässt sich im elterlichen Betrieb ausbilden. „Ich bin von Hause aus eigentlich mehr ein Kopfmensch und habe mir viele Dinge, die mein fachliches Können ausmachen, mit der Zeit erst hart erarbeiten müssen. Ich bin als Konditor kein Naturtalent", bekennt der heutige Meister seiner Profession freimütig.

Nach seiner Ausbildungszeit von zwei Jahren ist Seeger fünf Jahre lang Geselle. Er geht unter anderem nach Frankreich und in die Schweiz – lernt Neues kennen, aber bald auch die Grenzen, die die niederrheinische Mentalität mit sich bringt: „Wir haben wahnsinnig viele so kleine Sachen gemacht – typische Patisserie-

Seegers erstes eigenständiges Werk: ein Golfbag.

Artikel eben – gut, arbeitsintensiv und deswegen teurer. Die kannst du hier aber nicht verkaufen. Die Leute sagen: ‚Wie, dat kleine Ding ist so teuer?! Ach, wat ham se denn da, hamse auch Schwarzwälder?'"

Marcel vollendet seine Ausbildung, geht an die Konditoren-Meisterschule in Köln. Sechs Monate für den Weg zur beruflichen Krönung. Er sagt, dass er dort „sehr, sehr viel gelernt" habe. Sein erstes eigenständiges Werk belegt das: Golfszene und Golfbag zeugen von den künstlerischen und fachlichen Fähigkeiten des frischgebackenen Meisters.

Handwerk und Fachwissen hat er nun von der Pike auf gelernt, weiß, wie man mit Zutaten umgeht, mit Maschinen, mit Backzeiten. Wie Veränderungen der Beigaben, wie neue Inhaltsstoffe, andere Mischungsverhältnisse, den Geschmack des Produkts am Ende beeinflussen können, das lehrt ihn erst die jahrelange Erfahrung.

Später entrümpelt er das Angebot seines Betriebs: Während Großvater und Eltern auch noch Brötchen und verschiedene Brotsorten herstellten, macht Seeger damit Schluss. Er stellt heute nur noch sein bekanntes Rosinenbrot her und seit Kurzem ein äußerst wohlschmeckendes Krustenbrot mit Dinkelmehl-Bestandteil. Der Rest des Bäckereianteils im Unternehmen ist Geschichte.

Das hat vor allem den einfachen Grund der Arbeitszeiten: Nähme er die Bäckereilinie wieder auf, müsste er nämlich mitten in der Nacht in der Backstube stehen. Er schätzt die Kollegen der Branche. Klar. Aber ab 3 Uhr arbeiten? Das wäre nicht sein Ding. Dazu kommt:

Seeger weiß, „wie es fast unmöglich geworden ist", heutzutage junge Nachwuchskräfte zu finden, die in der Nacht mit der Arbeit beginnen möchten! Als Konditor kann er wenigstens erst um 6 Uhr morgens anfangen. Und arbeitet dann bis abends. Manchmal bis 21 Uhr. Wie es erforderlich ist.

Man möge das nicht falsch verstehen - Seeger geht im Beruf auf. Aber er braucht auch Privatleben. Das ist eh schon zeitlich knapp genug. Er erzählt mit Begeisterung von den Leidenschaften des Berufs, die bis heute sein Credo sind. Aus dem Meister sprudelt es an dieser Stelle förmlich heraus vor Begeisterung: „Der Moment, wo eine Torte im Ofen aufgeht, wie du es wolltest, das ist schon wie ein Lachen im Gesicht."

Der Konditormeister schwärmt vom Duft, der dem Backofen entströmt, und seinem Gefühl, dass was Tolles entstanden ist. Aber auch davon, dass die endgültige Befriedigung erst eintritt, wenn die Kunden sagen: ,Das ist aber lecker'. „Dann weißt du, dass sich der ganze Einsatz gelohnt hat." Bei Seeger hält dieses Gefühl bis heute an. Es habe ihn nie verlassen in all den Jahren.

Das gilt für alle Produkte aus seiner Werkstatt - gleich, ob Torten und Kuchen. Nur Sahnetorten sind nicht so seine Sache. „Persönlich", das ist ihm wichtig zu ergänzen. Im Angebot hat er sie selbstverständlich. Und sie werden mit der gleichen Leidenschaft hergestellt wie all seine anderen Produkte. Unterschiede zwischen den Produkten? „Kuchen backt man im Kasten oder in Blechform. Die Torte ist dagegen immer rund und hat verschiedene Höhen von fünf, sieben, neun, zwölf Zentimetern und mehr. Wichtig: Sahne alleine ist kein Unterscheidungskriterium."

Marcel Seeger hat Lieblingszutaten: Er arbeitet „wahnsinnig gerne" mit Marzipan, beispielsweise in Füllungen. „Weil das alles saftig macht." Und mit Früchten geht er sehr gerne um. „Besonders mit Himbeeren."

Marcel Seeger und seine Frau Ulrike, die ihm immer den Rücken freihält.

Die eigentliche Herausforderung für den Konditormeister liegt freilich in seiner Fantasie, in seinen Ideen und Künsten. Von seinen Torten und Kuchen hängt alles ab: Arbeitsplätze in seinem Betrieb. Glücksgefühle durch Erfolg. Anerkennung. Vor sich selbst. Vor allem von anderen – und die heißen Kunden. Die Geldbörsen an der Ladentheke entscheiden über alles.

Und es gehört, da ist sich Marcel Seeger so etwas von sicher, das wichtigste zwischenmenschliche Element dazu: die Liebe. Und damit jemand, die dem Meister und Geschäftsmann den Rücken frei hält: Als „Sechser im Lotto" bezeichnet er deswegen „seine" Ulrike, eine Konditorei-Fachverkäuferin. 1992 heiraten die beiden: „Ohne sie wäre ich nie so weit gekommen – nie", betont der selbstbewusste Tortenmacher ohne jede Verbiegung.

Dass Ulrike im Betrieb seiner Eltern ihre Ausbildung absolviert hat, hilft ihr zusätzlich beim Verständnis für die speziellen Abläufe einer Konditorei, beim Erkennen von Gästewünschen an der Ladentheke.

Nochmal sechs Jahre später, 1998, übergibt der Vater den Betrieb. Generationenwechsel. Akzente-Verschiebungen. Mit 34 Jahren ist Marcel Seeger Chef in der Traditionskonditorei. Handeln und machen, wie er es will. Wie seine Frau und er es wollen.

Wenn man jetzt meinen sollte, dass es der Protagonist nun erst mal geschafft habe, muss man freilich Gegenteiliges hören. Ein Prozess der Umstellung zwischen den Generationen beginnt. Die Ältere muss sich an die neu gewonnene Freizeit gewöhnen und die jüngere, voller Tatendrang, an Zwischenrufe und Ratschläge aus der nun neuen „zweiten Reihe". Das dauert und muss sich erst einschleifen - so wie in den meisten anderen Familienunternehmen auch.

Seegers Erfahrung: „Bemerkenswert ist der Satz der älteren Generation, wenn sie keine Argumente mehr gegen das Neue hat: ‚Was hat das denn mit Konditorei zu tun?'"

Was hat das denn mit Konditorei zu tun?

Bis heute muss der Konditormeister lachen, wenn dieser Satz wieder fällt. Er ist zum geflügelten Spruch geworden, wenn er und seine Ulrike über neue Ideen für die Konditorei sprechen. „So hinterlässt eben jede Generation ihre Spuren", versucht er zu verstehen. „Aber nur mit alten Rezepten kann man die Zukunft nicht gestalten."

Das hatte die Mutter von Marcel Seeger nach seiner Aussage bereits früh in ihrem Leben erkannt. Sie habe sich mit ganzer Kraft immer für die Familie und das Geschäft eingesetzt. „Ein manches Mal bis an ihre Belastungsgrenze und darüber hinaus", erinnert sich der Sohn nachdenklich. Und weiß: „Ihre empathische und freundliche Lebensphilosophie habe ich praktisch mit der Muttermilch aufgenommen. Sie begleitet mich bis heute durch mein Leben."

Dass es die Konditorei immer noch unter Leitung von Marcel Seeger und seiner Frau gibt, zeigt, dass beide den Umstellungsprozess erfolgreich gestaltet haben. Dass der Konditormeister die richtigen Wege gegangen ist. Und der Geschäftsmann auch. Punkt.
„Eben wegen oder gerade trotz ‚der zweiten Reihe'" unterstreicht er. Die Entschiedenheit betont Seeger spürbar.

Das Ehepaar Seeger organisiert sein Leben, wie es der Betrieb erfordert. Das ist der Preis, den sie zahlen müssen für die Haben-Seite ihrer beruflichen wie persönlichen Bilanz: „Wir beide arbeiten von Sonntag bis Freitag, nur samstags haben wir unseren freien Tag", erzählt Marcel. „Da überlassen wir den Betrieb gänzlich dem Personal. Man muss Verantwortung auch mal in geeignete Hände abgeben können."

Nur arbeiten, das ginge nicht für den Macher süßer Sachen: „Ich möchte mit meiner Frau auch mal über die Kö oder am Rhein in Köln flanieren, ohne ans Geschäft zu denken", bekennt er sich zu seinen Wün-

schen. Und er schaltet dabei offenbar wirklich ab, denn Seeger gibt zu: „Ich kann sehr gut durch andere Städte gehen, ohne auf andere Konditoreien zu achten. Ich muss das auch schaffen", schiebt er nach. „Meine Frau kann das auch", vergisst er nicht zu erweitern. Um dann doch den enthusiastischen Konditor herauszulassen, indem er ehrlich zugibt: „Wenn es wirklich eine Idee ist, die mich begeistert – Aussehen oder Geschmack – gehe ich zu Hause schon mal hin und sage in der Backstube, wir machen mal dies und das, kommen wir da hin, kriegen wir das so ähnlich hin? Oder wir informieren uns im Internet, wie könnte es funktionieren. Das kann man schon machen."

Wie geht das denn aber eigentlich, neue Angebote in der Konditorwerkstatt zu entwickeln?

Eine Mischung zwischen Erfahrung und Innovation ist für Seeger Grundlage bei der Arbeit an neuen süßen Versuchungen in Torten- und Kuchenform: „Nach der Rezeptidee überlege ich mir zunächst mal, wie sich die Komponenten, die ich benötige, zusammensetzen sollten. Brauche ich etwa 30 Prozent Mehl oder nur 20 Prozent? Gebe ich Eier dazu und wie viele? Nehme ich Marzipan oder könnte ich mit ein bisschen Kakaopulver oder einem bisschen Zimt oder einem bisschen Muskat da noch eine interessante Note reinbringen", erklärt der Konditormeister seine Arbeitsweise.

Es folgt das Backen des so ersonnenen Rezepts. Das Ergebnis beurteilt dann das Team von Seeger. Probeessen: „Jeder kann seine Meinung abgeben: ‚Großer Mist oder ganz doll oder etwas dazwischen'." Wenn es zu viel zu kritisieren gibt, verwirft Seeger auch schon mal eine Idee gänzlich oder er feilt an dem Rezept. „Wenn es meinen Leuten nicht schmeckt, brauche ich die Kreation den Gästen gar nicht anzubieten", resümiert der Kreative ziemlich nüchtern.

Zufriedenheit und Frust liegen für Seeger oft beieinander: „Wenn ich selber sage, das ist der Knaller, dann sagen die Kunden manchmal: ‚Ja, mal was anderes, aber ich nehme doch lieber die Käsesahne'. Und anders herum, wenn Du selbst vielleicht erst bei 95 Prozent und nicht bei 100 Prozent einer Entwicklung bist und gibst sie aber trotzdem mal in den Verkauf, dann sagen die Kunden: ‚Boah, das ist aber toll'."

Trends wie beispielsweise vorsichtiger oder reduzierter Umgang mit Zucker, dafür Einsatz von Ersatzstoffen, werden in seiner Konditorei behutsam und eher wohlüberlegt aufgenommen. Nicht ignoriert. Aber Seeger ist schon eher vom traditionellen Schlag in seinen Rezepten.

Passend die Bekenntnisse eines Mannes zwischen eigenen Ansprüchen und Realität: „Ich muss nach den Wünschen der Menschen arbeiten. Ich kann versuchen, sie zu beeinflussen, aber letztendlich entscheidet der Kunde, was er kauft."

Und dann bekennt er doch noch in einem Nachsatz: „Manchmal bin ich schon ein bisschen geknickt, wenn ich von einem Rezept einhundertprozentig überzeugt bin und die Torte läuft dann nicht. Aber das kann passieren."

Was Marcel Seeger grundsätzlich für seine Branche freut: der neue Trend – in Anfängen – hin zu Qualität. Die „Geiz ist geil"-Phase erlebt allmählich eine gegenteilige Strömung: „Die Menschen hatten oftmals jegliches Gefühl verloren, was eine Ware in Wirklichkeit wert ist. Man hat geglaubt, es wird immer alles billiger, aber in der Qualität immer besser. Allmählich setzt sich aber das Einsehen durch, dass gute Zutaten etwas kosten. Und es gibt immer mehr Kunden, die das wieder erkennen und wertschätzen." Sagt es und fühlt sich sichtlich gut damit.

Es ist eine Gratwanderung zwischen dem ökonomisch Machbaren und dem Anspruch des Konditors, das weiß Seeger. Und das schlägt sich auch nieder in der Auswahl der 40 Tortenrezepte für dieses Buch.

Der Konditormeister, dessen Alleinstellungsmerkmal in den letzten Jahren „Hier und heute"-Torten- und Kuchen-Experte geworden ist, schätzt: „Wir bieten ungefähr 50 Prozent eher konservative und 30 Prozent innovative Rezeptideen. Der Rest ist Standard, der zu jeder ambitionierten Torten- und Kuchenherstellung von Amateuren gehört, aber zu dem ich auch manch erhellenden Tipp geben kann." Nicht zu vergessen, was manche WDR-Zuschauer an Ideen angestoßen haben.

Wie kam das denn eigentlich mit dem TV bei Marcel Seeger?

Angefangen hat alles 2005 mit seinem einmaligen Auftritt bei einem Verkaufssender. Schon beim Coaching war man dort vollauf zufrieden mit seinen Präsentationsfähigkeiten. Da war das alles für ihn nur ein Versuch gewesen. Aber er war vom Fernsehmachen-Virus infiziert worden.

Als der WDR dann später für eine „Adventskalender"-Folge der „Aktuelle Stunde" in Nettetal seine Konditorei entdeckte, ergriff Seeger die Chance. Er sprach das Team und seinen Reporter nach Möglichkeiten für einen wie ihn innerhalb des Westdeutschen Rundfunks an.

Daraus wurden nach vielen telefonischen Kontaktversuchen, nach etwa 20 Briefen, mit der nötigen Beharrlichkeit, etlichen Gesprächen und Castings anfangs drei, dann sechs Möglichkeiten im Jahr, um zu zeigen, welches Potenzial in Marcel Seeger steckt. Und wie unterhaltsam die Herstellung von Torten und Kuchen in Wort und Bild sein kann.

Daraus wurden dann bald zwölf Auftritte im Jahr bei der Nachmittags-Live-Sendung „daheim & unterwegs". Ein eigenes Format in der Sendung entstand: „Sie kriegen es gebacken".

Der Konditormeister kam an beim Zuschauer. Er präsentierte Rezepte nicht von oben herab. Er erklärte anschaulich und locker vor den Studiokameras. Seine Schlagfertigkeit, ein unterhaltsames Gespräch zwischendurch und immer neue Varianten seines Könnens ließ seinen Bekanntheitsgrad und Sympathiewert rasch steigen. Nach einiger Zeit bezog er auch Zuschauervorschläge mit ein.

Schließlich „überlebte" Marcel Seeger auch den Umzug der Sendung vom Produktionsort Düsseldorf nach Köln. Er muss halt seither nur ein paar Kilometer weiter fahren und nun unter der bekannten und beliebten Traditionsmarke „Hier und heute" arbeiten. Er passte ins veränderte Konzept der Redaktion. Und ein Ende scheint nicht absehbar für seine Auftritte vor den Live-Kameras. Jeden Freitag.

Ob Erdbeerkuppel-Torte, Hugo-Torte mit spanischem Sekt oder Blutorangentorte – Seegers Repertoire scheint immer wieder neue Variationen zu bieten. Und die Zuschauer-Ideen nicht minder: „Übrigens überraschend viele Vorschläge stammen von Männern", staunt er selbst.

Bisher sind auf diese Weise rund 250 bis 300 Torten- und Kuchen-Vorstellungen zusammengekommen. Schätzt der Meister. Grob. Und seine gelegentlichen Auftritte in anderen WDR-Sendungen finden ebenfalls großen Anklang bei den Zuschauern.

„Meine Auftritte im TV machen mir richtig Spaß", schwärmt der TV-Konditor deswegen auch. „Da kannst du deine Intelligenz, deine Wortgewandtheit und die

gute Allgemeinbildung miteinbringen und musst nicht nur ‚trocken backen'", ergänzt er, um dann zum Kern zu kommen: „Nur das Backen in der Konditorei bot mir auf Dauer viel zu wenig Herausforderung."

Seegers Ehefrau Ulrike unterstützte ihren Mann von Beginn an bei seinen Fernsehambitionen. Wohl wissend, dass ihn zu begrenzen der falsche Weg zum Lebensglück gewesen wäre. Obwohl der zeitliche Einsatz dafür inzwischen eigentlich einen dritten Beruf ausmacht – neben dem des Konditormeisters und dem des Geschäftsmanns.

Und die Ziele des Ganzen?

Seeger muss nicht lange überlegen: „Ich möchte die Zuschauer gut unterhalten. Ich möchte ihnen Genuss und Spaß vermitteln, ihnen Mut und Vertrauen geben, Rezepte zu Hause nachzumachen."

Im Nachsatz bekennt er sich zu den persönlichen Motiven: „Es ist für mich zusätzlich eine gewisse Art der Selbstverwirklichung, der persönlichen Freude, mich mit dem, was ich kann, im Fernsehen zu präsentieren. Wenn das Studiolicht angeht, ist das für mich in gewis-

Ich möchte den Zuschauern Genuss und Spaß vermitteln, ihnen Mut und Vertrauen geben, Rezepte zu Hause nachzumachen.

ser Weise eine Sucht. Es würde mir ohne etwas fehlen. Ich fahre sehr gerne nach Köln ins Fernsehstudio, das ist für mich wie ein Tag Urlaub." Man muss Seeger förmlich bremsen in seiner Begeisterung der Beschreibung dessen, was seine TV-Auftritte ihm bedeuten. Daneben hat das Ganze natürlich auch einen nützlichen Zusatzeffekt: Die Produkte des Fernsehkonditors werden stark nachgefragt. Zuschauer wollen ihn persönlich kennenlernen. Betritt man seine Konditorei, wird man deswegen sofort offensiv von großformatigen Farbfotos seiner Fernsehauftritte begrüßt.

Von dem, was WDR-Zuschauer auf sich nehmen, um ihn zu sehen und persönlich zu erleben, ist Marcel Seeger allerdings manches Mal selbst überrascht: "Man wundert sich, wie viele Kilometer die Menschen zurücklegen. Sie rufen hier vorher in der Konditorei an: ‚Ist der Herr Seeger da, kann man den mal kennenlernen?'"

Immer sonntags steht der Macher süßer Sachen seinem Publikum zur Verfügung. Da werden dann Selfies gemacht und Fotos von den Produkten aus des Meisters Hand in der Auslage. Und probiert. Und gekauft.

"Mir schlägt eine Sympathiewelle entgegen, die mich selbst überrascht", zeigt sich Seeger trotz vieler Routine immer noch erstaunt: "Du guckst fünf Minuten später in die sozialen Medien und dann haben die Besucher schon gepostet, wie nett es bei mir war und dass ich mir Zeit für sie genommen habe."

Am Ende ist das alles auch eine Win-win-Situation für die Konditorei und für den WDR. Denn zufriedene Kunden sind auch zufriedene Zuschauer. Und die sind dann beiden treu.

Ziemlich am Ende unseres Gesprächs gesteht Marcel Seeger dann noch eine gewisse Eitelkeit ein, ohne die beim TV vor den Studiokameras kaum etwas wäre. Aber bei aller ehrlichen Bekenntnis ist er auch dann ein Mann, der sichtlich geerdet bleibt. Der aufrichtig ist. Mit sich. Und seinem Umfeld:

"Ich bin keiner, der über dem Teppich schwebt, der sich für den größten Kuchenmann hält. Alles völliger Quatsch. Ich weiß, wo ich herkomme, ich weiß, was ich kann, ich weiß, wo meine Wurzeln sind und weiß, was die Zuschauer in mir sehen: Der Seeger ist empathisch, authentisch, glaubwürdig. Das ist mir wichtig."

Und dann schiebt er noch eine Bemerkung nach, die klar macht, dass ihm dafür – zuweilen bewusst oder unbewusst - bis heute die Anerkennung aus der zweiten, noch lebenden, Generation fehlt. Man erinnert sich an den Satz des Vaters, den Seeger schon vorher zitiert hat: "Was hat das denn mit Konditorei zu tun?" - "Eben sehr viel in der heutigen Zeit", bekräftigt der.

Marcel Seeger selbst ist da ganz anders (geworden): Sein erwachsener Sohn darf machen, was er beruflich will. Und dessen Wege führen zu Autos, nicht zu Torten ...

Peter Paulpeter

Freitag live on air:
DIE BLUTORANGEN-TORTE

Tagebuch einer typischen Woche als WDR-Torten-Experte

Kein Genuss ist vorübergehend, denn der
Eindruck, den er zurücklässt, ist bleibend.

Johann Wolfgang von Goethe

Montag

Wochen zuvor hat Marcel Seeger bereits mit einer Planungsredakteurin von „Hier und heute" verschiedene Zuschauervorschläge für Rezepte ausgewertet. Das ist Sendungskonzept. Sie haben gemeinsam entschieden, wann welche Torte auf Sendung gehen soll.

Manches Rezept ist eher weniger geeignet, weil es vor Kurzem so oder in einer Variante gezeigt worden ist. Das wäre erst mal langweilig. Weitere Entscheidungskriterien: jahreszeitliche Vorgaben durch Feiertage. Oder welche Früchte gibt es wann frisch?

Jeweils freitags hat Marcel seinen Auftritt in der WDR-Sendung. Viele Menschen am TV-Gerät backen gleich am Wochenende nach, was er ihnen zeigt.

Diese Woche wird es eine Blutorangen-Torte werden.

Der Montag dient der Theorie: Der Konditormeister studiert den Rezeptvorschlag. „Damit beginnen meine Vorbereitungen immer", erläutert er. „Sind mögliche Stolperfallen im Rezept?"

In der Live-Sendung am Freitag muss schließlich alles klargehen. Also klärt Marcel mit sich und seiner Tortenbäcker-Erfahrung beispielsweise, ob das Rezept Zutaten enthält, die nicht zueinanderpassen. Oft müssen auch Mengenangaben und Zubereitungszeiten korrigiert werden.

Beachten muss der Genussmeister auch, dass Fernsehen gerade im unterhaltungsgeprägten Nachmittagsprogramm des WDR besonders schöne Bilder bietet. Das Publikum darf entspannen, genießen, sich wohlfühlen. Zum Beispiel mit appetitlich angerichteten Torten.

Nur ein bestens vorbereiteter Fernsehkonditor ist ein guter Fernsehkonditor. Da die Zuschauer Rezepte oft selbst erfinden oder zumindest Rezepte variieren, können etwa zu viel oder zu wenig Backpulveranteile fatale Wirkungen haben. Wenn Marcel Seeger nicht vorbereitend plant. Und backt.

Das gilt besonders für den Geschmack: Der kann so unterschiedlich sein. Der Profi versucht, einen Mittelweg zu finden. Die Blutorangen-Torte macht anschaulich, was Seeger meint:

„Die vorschlagende Zuschauerin achtet sehr auf gesunde Ernährung", berichtet er. Sie schlägt ein Mehl aus Emmer (Zweikorn) vor. „Ich muss bei dem Rezept darauf achten, was unsere Zuschauer in der Mehrzahl mögen. Dennoch kann ich Komponenten des Rezeptes beibehalten, die den breiten Geschmack eher treffen und trotzdem einen gewissen gesundheitlichen Aspekt sichtbar machen."

Damit hat sich Seeger in der letzten Stunde beschäftigt. Er hat den Getreidekaffee rausgenommen. Er schien ihm geschmacklich fehl am Platze.

Und er hat das Emmermehl gegen Dinkelmehl getauscht. Es ist vielen Zuschauern eher bekannt. „Mir ist neben geschmacklichen Aspekten auch wichtig, dass die Zuschauer die Zutaten in ihrem näheren Umfeld erwerben können. Die Leute sollen nicht von Hop nach Top fahren und dann finden sie das seltene Mehl nicht", begründet er. Möglichst viele Menschen sollen zu Hause ohne große Mühe das Rezept nachbacken können.

Viele Mengenangaben in Zuschauerrezepten muss Seeger auch korrigieren, weil zu Hause wenige Arbeitsteile genormt sind. Also: Manche/r hat Mengenangaben für einen kleinen Tortenring gemacht, manche/r für einen großen. Manche/r will die Torte fünfzehn Zentimeter hoch haben, manche/r nur zehn Zentimeter oder weniger. Der Montag des TV-Torten-Experten vergeht mit vielen theoretischen Überlegungen.

Dienstag

Heute ist der Tag des praktischen Ausprobierens. Und weil der normale Konditorei-Alltag weiterlaufen muss, konzentriert sich Marcel dienstags nur auf den Tortenboden und die Füllung. Wenn etwas fehlt, wird heute auch eingekauft.

Jede Torte, die Marcel Seeger in der TV-Sendung freitags herstellt, gibt es schon am kommenden Tag in seinem Verkaufsangebot in der Konditorei. „Da muss ich liefern", erklärt der Konditor und „Hier und heute"-Fernseh-Torten-Mann.

Er wäre nicht Marcel Seeger, wenn er nicht gleich aus der Not eine Tugend machen könnte: „Ich rechne die Zutaten heute hoch auf Profi-Betriebsgröße – das sind etwa die zehnfachen Mengen. Viele Massen lassen sich erst richtig in unseren Maschinen aufschla-

gen und werden dort viel lockerer als im Kleinen. Ich backe ja nicht mit dem Rührgerät in der Hand."

Und dann kommt wieder die Sache mit der Erfahrung: „Ich bin mir bei 95 Prozent der Rezepte ziemlich sicher, dass sie auch bei uns in der Konditorei laufen werden. Insofern gehe ich kein Risiko ein, wenn ich gleich in größeren Mengen plane."

Der Dienstag geht mit diesem Gedanken und dem inzwischen fertig gebackenen Boden für die Fernseh-Torte zu Ende. In die Kühlung damit. Fertig für heute.

Mittwoch

Der über Nacht gekühlte Boden lässt sich prima schneiden. Jetzt wird die Füllung probiert und die Torte wird von Seeger erstmals zusammengesetzt.

Zuvor probiert aber sein Team. Dessen Meinung ist ihm wichtig: „Sie verkosten die Bestandteile des Kuchens einzeln, also in diesem Fall erst den Boden und dann die Füllung. Das ist keine Unsicherheit von mir, aber ich kann mich auch verzetteln – gerade bei vielen Zutaten wie hier, die ich verändern muss."

Am Mittwochabend ist die Torte fertig. Marcel Seeger ist zufrieden. Wieder mal.

Donnerstag

Heute ist „Facebook"-Tag: Um für die WDR-Sendung und das Produkt in dieser Woche zu werben, fertigt der Torten-Mann ein unterhaltsames Video an: „Ich will den Inhalt möglichst etwas spaßig rüberbringen, zum Beispiel bastele ich mir eine Brille aus Limettenscheiben oder jongliere in diesem Fall mit Orangen."

Freitag

Der große Tag. Ein voll ausgefüllter Tag. Das Zeitprotokoll macht die enge Taktung klar. Der Konditormeister in Fernsehdiensten kann heute wenig durchschnaufen.

6 Uhr: Die Torte wird ausgarniert mit Blutorangen-Scheiben. Präpariert für die Fahrt nach Köln, kommt sie zusammen mit Kältepads in eine kühl haltende Styroporkiste.

Fernsehgesetzmäßigkeiten, die Seeger im Laufe der Zeit verinnerlicht hat: „Diese fertige Torte brauche ich als ‚Zeitraffer', weil die Sendezeit nicht reichen würde, sie komplett fertig zu backen und fertigzustellen." Also müssen fernsehspezifische Tricks angewandt werden: „Ich bringe in diesem Fall einen vorbereiteten Biskuitboden mit. In der Live-Sendung zeige ich die Zubereitung, aber die Backzeit wäre langweilig und zu lang – da tut sich nichts für die Studiokameras. Mittels eines bereits fertigen Bodens geht es schneller zu den nächsten Arbeitsschritten", erklärt der zum Fernsehprofi gewordene Konditor.

12:25 Uhr: Der Meisterkonditor kommt mit vorbereitetem Biskuitboden in Köln an.

Letzte Vorbereitung: „Ich wiege mir die Zutaten frisch ab, die ich in der Sendung brauchen werde", erklärt Seeger. Er bringt alles selber mit ins WDR-Fernsehstudio, verlässt sich nicht auf die dort agierende Requisite: „Das ist kein Misstrauen, aber es gibt so vieles, was falsch gekauft werden kann. Zum Beispiel ist Backpulver nicht gleich Backpulver und Puddingpulver ist nicht gleich Puddingpulver. Ich arbeite also mit den Zutaten, die ich auch von meiner Konditorei her gewohnt bin."

Und wenn wirklich einmal etwas fehlen sollte, haben die freundlichen Requisiteure in ihrem Vorbereitungsschrank im WDR für alle Fälle etwas Mehl oder Zucker: „Als Notreserve", unterstreicht der sorgsame Kuchenbäcker. Oder sie müssen nach Seegers Vorgaben Zutaten in letzter Minute einkaufen.

11:30 Uhr: Abfahrt nach Köln. Von seiner Konditorei in Nettetal bis in die WDR-Stadt rund 90 Kilometer. In seiner komfortablen Limousine schafft Marcel Seeger das meist ohne großen Stress. Aber er muss zeitlich Staus einplanen.

12:25 Uhr: Heute ist mal wieder alles glattgelaufen. Bis 13 Uhr hätte der Umtriebige spätestens ankommen müssen.

Jetzt kommen die Styroporboxen samt Inhalt in die Vorbereitungsküche hinterm Fernsehstudio. Die Requisite füllt die abgewogenen Zutaten in fernsehgerechte, durchsichtige Glasschalen. Und bringt sie dann ins sogenannte ‚Set', also Seegers Arbeitsbereich innerhalb des „Hier und heute"-Fernsehstudios.

Das ist wohnungsähnlich aufgebaut. Mit angedeuteter Küche, Arbeitsfläche und Backofen. Die feste Kulisse der Sendung. Woran sie der Zuschauer sofort wiedererkennt, wenn sie oder er auf seiner Fernbedienung durchzappt.

13:30 Uhr: Die Maske sorgt dafür, dass die Haut im hellen Scheinwerferlicht nicht glänzt.

13:30 Uhr: Auch ein Torten-Experte braucht fernsehgerechte Schminke. Seine Haut darf im hellen Scheinwerferlicht nicht glänzen. Dafür wird in der Maske gesorgt. Bei Männern haben die freundlichen Damen meist weniger zu tun, als bei im Alltag schon deutlich aufwendiger geschminkten Frauen. Danach zieht Seeger seine Fernseh-Konditorjacke an.

14:15 Uhr: Regiebesprechung und Probe. Im Fernsehstudio. Dauer: etwa eine gute Stunde.

Es ist ein fester Stab von festangestellten oder freiberuflichen Fernsehregisseuren, die „Hier und heute" wie andere WDR-Sendungen meist eine Woche lang gestalten. Sie und ihr Team aus Kameraleuten, Aufnah-

meleiter, Tontechnikern und vielen mehr kennen Marcel meist über lange Zeit. Man begegnet sich im gegenseitigen Wissen um die Professionalität des bzw. der jeweils anderen. Deswegen verwundert nicht, wenn Seeger weiß: „Optische Vorschläge brauchen die Regisseure nicht so sehr, mein Aktionsradius in der Fernsehküche ist bekannt und recht übersichtlich. Es sind mehr meine Arbeitsabläufe, die sie kennenlernen müssen, also was passiert wann in welcher Reihenfolge? Was kommt wann in den Ofen, wie bindest du die jeweilige Moderatorin bzw. den Moderator ein?"

Die heutige Senderedakteurin hat noch einen Vorschlag an den Regisseur wegen des Übergangs vom vorherigen Sendepunkt hin zu Marcel. Der versucht,

14:15 Uhr: Um Live-Pannen zu vermeiden, wird die Sendung vorab mit allen Beteiligten geprobt.

die Idee schnell gedanklich umzusetzen und eine Umsetzungsmöglichkeit anzubieten.

Der in dieser Woche zuständige Regisseur spricht während Seegers Erläuterungen gelegentlich parallel mit seinen vier Kameraleuten, verteilt Positionen, erklärt kurz, wo die Kameras während des Live-Auftritts stehen sollen, um das Tun des Konditors optimal einzufangen. Über der Szenerie gibt es noch eine sogenannte ‚Deckenkamera'. Sie kann von oben in die Schalen oder Töpfe gucken. Verdeckt Marcels Hand bei der ein oder anderen Aktion zum Beispiel das Bild aus diesem Winkel, dann wird umgeschnitten auf eine andere Kamera mit guter Sicht.

Fernsehen wie dieses aus einem Studio ist wenig spontan. Kommunikation vorab unter allen an der Sendung Beteiligten ist von zentraler Bedeutung. Proben schaffen Sicherheit. Sie sorgen für optimale Bilder und

Töne. Bei aller Sorgfalt in der Vorbereitung passiert aber natürlich trotzdem immer wieder mal Unvorhergesehenes. Menschlich! Dann ist Improvisation gefragt. Und manchmal hilft einfach nur Humor.

Durch die Sendung führt eine Moderatorin bzw. ein Moderator, früher waren es zwei. Moderatoren prägen mit ihrer Handschrift eine Sendung, verleihen ihr eine persönliche Note, nehmen die Zuschauer an die Hand. In diesem Fall 105 Minuten lang – „Hier und heute" ist die längste tägliche Live-Sendung im WDR Fernsehen.

Die heutige Moderatorin Anne Wilmes hat noch eine Idee zum Auftritt des Torten-Künstlers. Das müssen auch die Sendebeteiligten wissen. Und sich darauf einstellen. Aber die Affinitäten zur Küche oder zum Backen sind bei den verschiedenen Moderatoren „sehr unterschiedlich verteilt", wie wiederum Seeger nicht ohne ein süffisantes Lächeln berichtet.

15:40 Uhr: Letzte Vorbereitungen für den Live-Auftritt.

15:40 Uhr: Zeit für letzte Vorbereitungsarbeiten von Seeger: „Eiweiß aufschlagen, Biskuitboden aufschneiden, Schokolade auflösen – alles muss ja frisch aussehen." Auch das ist fernsehtypisch, besonders für eine Koch- oder Backsendung: Alle Zutaten müssen optisch optimal auf Sendung gehen. Zusammengefallenes Eiweiß, da zu früh geschlagenes Eiweiß – wie käme das auf dem Bildschirm rüber? Abschreckend. Nur ein Beispiel von vielen.

Ein Fernsehstudio ist keine Konditorbackstube: „Ich habe in meinem Beruf so viel mit Kälte und Wärme zu tun", weiß Seeger, der daheim seine gekühlte Backstube hat. „Aber den Umgang damit unter Studiobedingungen optimal hinzubringen, dafür zu sorgen,

dass auch die Buttercreme nicht wegläuft oder die Sahne zerfließt, dass die Torte, die ich daheim schon fertiggemacht habe, hier lange genug gekühlt wird, bevor sie in der Sendung im Bild steht und warm wird, das sind regelmäßig kribbelige Momente."

Gerade bei der heutigen Blutorangen-Torte zeigte sich ein besonderes Problem bereits in Seegers zurückliegenden Vorbereitungstagen. Er berichtet: „Die Zuschauerin, die das Rezept vorgeschlagen hat, legt die Blutorangen in Scheiben geschnitten auf die Torte. Ich habe aber überlegen müssen, was ich unter Studiobedingungen machen kann, denn so wäre die Präsentation nicht gelungen. Die Blutorangescheiben wären in der Schnittfläche schnell zu trocken geworden und das hätte unschön ausgesehen. Zudem hätte es sein können, dass mir in der Sendung der Saft der Blutorange unten in die Sahnecreme gelaufen wäre und sich so Blutadern in dem Kuchen gebildet hätten. Das sähe ganz furchtbar aus."

Der Torten-Künstler hatte sich daraufhin in der Vorbereitung etwas überlegen müssen: „Ich habe die Orangenscheiben geschnitten und dann in flüssigem Tortenguss gewendet und kalt werden lassen. So habe ich die Fruchtscheiben vollkommen eingeschlossen, Saft trat nicht mehr aus und ich konnte die Scheiben wunderbar auf den Kuchen legen - es glänzte schön."

Ein hervorragender Torten-Meister ist noch längst nicht automatisch auch ein hervorragender Torten-Experte für das Fernsehen. Fantasie da – spezifische Ideen dort. Und vor allem Umsicht. Sich ausmalen, was alles passieren könnte auf Sendung. Seeger kann das. Und macht aus seinem Stolz auf seine Vorstellungskraft auch keinen Hehl:
„Dieses Vorgehen gebe ich heute als Tipp in der Sendung, denn man erhält auch als Amateur-Tortenbäcker zu Hause mit diesem Trick ein sehr schönes Bild seines Produkts. Und selbst, wenn der Zuschauer die Torte daheim einen Tag vorher fertigstellen muss, weil Bekannte oder Freunde erst am nächsten Tag vorbeikommen: Sie bleibt im Kühlschrank schön."

15:50 Uhr: Marcel Seeger nutzt jetzt die Zeit für Menschliches. „In der sogenannten ‚Gästebetreuung', einem ruhigen Raum für Konzentration und inner Vor-bereitung auf die Sendung, esse ich etwas Handfestes – ich hatte heute ja noch nichts –, dann gehe ich zur Toilette, damit ich bei meinem Sendeblock später um 16:45 Uhr nicht von einem Bein aufs andere tanze."

16:00 Uhr: Seeger bekommt das Sendemikrofon von einem Tonkollegen angelegt – eine kleine technische Einheit, die unauffällig an der Kleidung befestigt wird.

16:15 Uhr: Der Vorspann läuft. Neugier wecken, möglichst viele Menschen für die Sendung begeistern: Dem Publikum einen guten Überblick über das abwechslungsreiche Angebot der nächsten 105 Sendeminuten geben, Lust machen aufs Zuschauen. Zum Beispiel bei Marcel Seegers Aktion. Viele wissen: Heute kommt der Torten-Mann. Und schalten gezielt ein.

16:00 Uhr: Das Sendemikrofon wird angelegt.

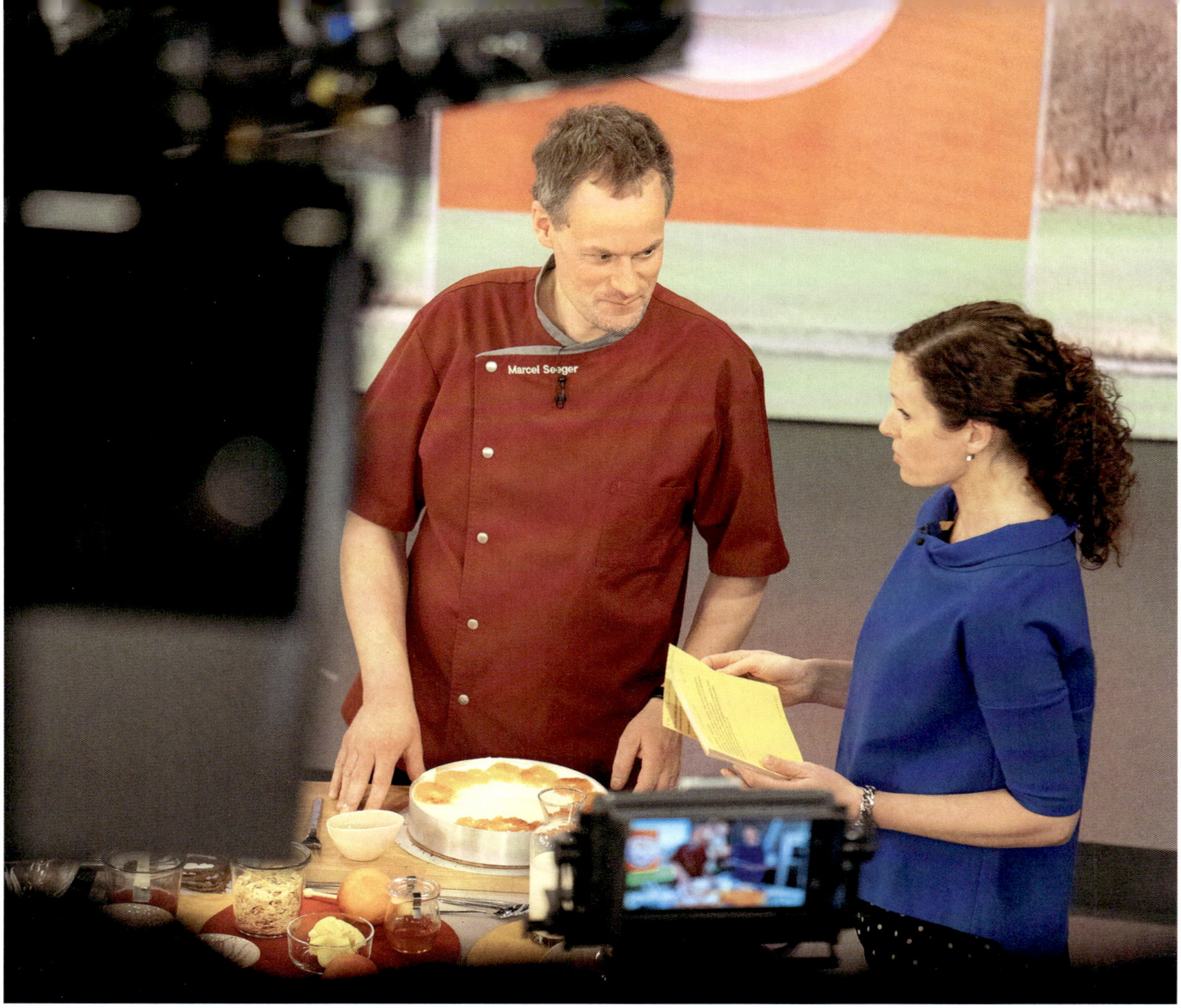
Marcel Seeger

17:12:39
Hier und heute
Hier und heute
KAM 2
KAM 3
KAM 4

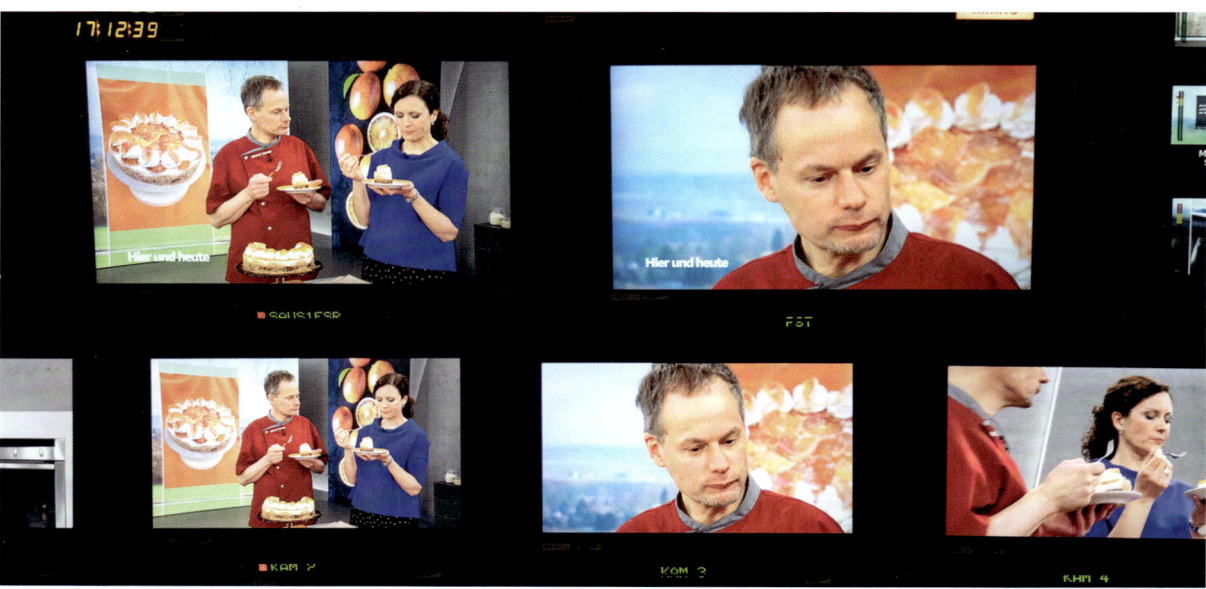

16:45 Uhr: Der Auftritt vom Meisterkonditor mit Moderatorin Anne Wilmes – nun muss alles klappen.

16:18 Uhr: Seeger nimmt hinter dem Fernsehstudio auf einer Bank Platz: „Von hier verfolge ich jetzt schon mal die Sendung, um mich mental einzugrooven", erklärt er. Hinter den Kulissen die Atmosphäre „aufsaugen" – das will und braucht er: „Da bin ich relativ sensibel und merke, wenn Spannungen im Studio sind oder nicht." Ein feines Sensorium hilft also auch dabei.

16:45 Uhr: Sein Auftritt. In 14 Minuten Präsentation der Blutorangen-Torte. Viereinhalb Tage Vorbereitung von Seeger kulminieren in diesem Block. Fernsehen ist intensiv. Für denjenigen, der vor den Kameras steht. Unterhaltend für die Zuschauer. Im besten Fall.

17:09 Uhr: Drei Minuten für den Schlussauftritt des Konditormeisters: Verkosten der Torte mit der Moderatorin. Lob an die Rezept spendende Zuschauerin. Fertig.

17:16 Uhr: Ein Film läuft. Im Fernsehstudio herrscht einen Moment lang Unruhe. Perfektionist Seeger verabschiedet sich rasch von der Moderatorin und vom Team. Ja nicht lange stören. Alle sind hoch konzentriert. Schnelle Ansagen des Regisseurs. Die Sendung geht weiter. Ohne ihn. „Hier und heute" läuft bis 18 Uhr.

17:29 Uhr: Am Auto. Alles ist zusammengepackt, was der Konditor nicht verbraucht hat. Und was ihm

Neben Moderatorin Anne Willmes führt auch abwechselnd Sven Kroll durch die Sendung.

ohnehin gehörte. Der WDR-Torten-Experte schlüpft jetzt wieder in seine eigentliche Rolle: Konditormeister und Geschäftsmann. Rollenwechsel. Weltenwechsel. Zurück in die Realität. Marcel Seeger ist geerdet genug, um das jeden Freitagabend ziemlich leicht zu schaffen.

Er muss jetzt sehen, dass alles stimmt im Betrieb. Morgen ist Samstag. Da wollen Kunden genau die Blutorangen-Torte in der Ladentheke im Angebot sehen, die er heute auf Sendung gezeigt hat. Ehefrau Ulrike hat ihm den Rücken für den gesamten Tag freigehalten. Und die Konditorei und ihre Abläufe organisiert. Ohne das wäre Seegers zeitverbrauchende Rolle im WDR nicht möglich. Aber jetzt braucht der Chef es, auch mal selbst nach dem Rechten zu sehen. Rückfahrt an den Niederrhein.

18:47 Uhr: Im Feierabendverkehr hat die Rückfahrt länger gedauert. „Mein Tag ist jetzt aber noch nicht beendet", rundet der Konditormeister das Bild ab. Es ist ihm wichtig loszuwerden: „Ich setze mich jetzt noch an den Computer. Manchmal geht das bis 21 Uhr."

Nach jeder Sendung beantwortet Seeger bei „Facebook" rund 90 bis 150 Fragen, Kommentare, Lob und Kritik. Die Menschen schreiben direkt an ihn. Die Arbeit an seinen Antworten und Anmerkungen verschiebt Seeger nicht auf den morgigen Samstag.

Verwunderung über die Herkules-Leistung von Montag bis Freitag, um als WDR-Torten-Mann anerkannt zu bleiben, spürt er durchaus: „Man muss schon ein Stück weit bescheuert sein, um das zu machen. Es ist viel Zeit, viel Investition, die man aufbringt und machen muss." Sagt er. Aber nicht klagend. Denn er hat sich dieses Schicksal selbst ausgesucht: „Letztlich schlägt sich das alles durch verstärkte Nachfrage und Zu-

spruch meiner Kunden in unserem Geschäft nieder." Und durch Renommee. Und deswegen schiebt Marcel Seeger abschließend noch nach: „Es ist eine Aufgabe, die mich mit sehr viel Zufriedenheit erfüllt – trotz des Aufwandes, sonst würde ich es nicht machen."

Am Samstagmorgen öffnen sich die Verkaufspforten seiner Konditorei. Die ersten Kunden stehen schon vor 9 Uhr vor der Tür: „Haben Sie denn schon den WDR-Kuchen?" ... Läuft. Die Blutorangen-Torte. Und Marcel Seegers Überlegungen bewahrheiten sich. Wieder einmal. Als TV-Genussexperte im WDR. Und Torten-Könner in Nettetal ...

BLUTORANGEN-TORTE

Backzeit: ca. 20 Minuten bei 175 °C **Kühlzeit:** einige Minuten **Backform:** 26er-Springform

Zutaten

Für den Teig

100 g Butter

100 g Akazienhonig

3 Eier

3 EL Kakaopulver

125 g Mandeln, grob gemahlen

110 g Dinkelmehl (alternativ Emmer- oder Einkornmehl)

2 gestr. TL Backpulver (am besten Weinsteinbackpulver)

Für den Belag

4–6 Blutorangen

300 ml Sahne (am besten Bio-Sahne 32 %)

Zubereitung

Für den Teig Butter, Honig, Eier, Kakaopulver und Mandeln in eine Schüssel geben und mit einem Handrührgerät schaumig rühren. Backpulver und Mehl vermengen und unterrühren.
Den Teig in die gefettete Backform geben und im vorgeheizten Ofen bei 175 °C Ober-/Unterhitze circa 20 Minuten backen und abkühlen lassen.

Für den Belag die Orangen, bis auf eine, schälen und in Scheiben oder Stücke scheiden. Den Teigboden mit dem Saft einer Orange tränken. Die Sahne steif schlagen, darauf verteilen und mit den Orangenscheiben belegen.

Tipps

Wer mag, kann **zur Aromatisierung** noch 2 TL Getreidekaffee unter den Teig geben.

Wer auf Eier verzichten möchte, kann diese durch 6 EL Schmand ersetzen. Der Teigboden wird dann fester und flacher.

Für eine Vollwerternährung frisch gemahlenes Mehl verwenden, entweder selber mahlen oder im Bioladen/Reformhaus mahlen lassen.

Anstelle der Blutorangen passen auch gut andere Früchte, zum Beispiel Blaubeeren, Erdbeeren, Ananas etc.

Wer es gerne süßer mag, kann die Sahne nach Belieben mit Honig und Bourbon-Vanillepulver verfeinern.

APFEL-EIERLIKÖR-TORTE

Backzeit: 25–30 Minuten bei 180 °C **Kühlzeit:** Einige Stunden **Backform:** 26er-Springform

Zutaten

Für den Biskuitboden

2 Eier

2 EL heißes Wasser

50 g Zucker

1 Pck. Vanillezucker

1 Prise Salz

40 g Mehl

40 g Speisestärke

1 TL Backpulver

Für die Apfelfüllung

4 große Äpfel

3 Spritzer Zitronensaft

1 Pck. Vanillepuddingpulver

100 g Zucker

2 Pck. Vanillezucker

100 ml Eierlikör (alternativ Sahne-Eierlikör-Gemisch 1:1)

175 ml Wasser

2 Blatt Gelatine

Für die Sahnefüllung

400 ml Sahne

250 g Magerquark

100 g Puderzucker

200 ml Eierlikör

50 ml Milch

2 Pck. Sahnesteif

6 Blatt Gelatine

Zum Verzieren

50 g gesüßtes Kakaopulver

Zubereitung

Für den Biskuitboden die Eier trennen und Eigelb mit Zucker, Vanillezucker und dem heißen Wasser in einem schmalen Gefäß mindestens 5 Minuten zu einer steifen Creme aufschlagen. Eiweiß mit der Prise Salz zu einem Eischnee aufschlagen. Mehl, Speisestärke und Backpulver vermengen und sieben und abwechselnd mit dem Eischnee mit einem Schneebesen vorsichtig unter die aufgeschlagene Eigelbcreme heben. Die Springform mit Backpapier auslegen und die Teigmasse hineingeben. Im vorgeheizten Backofen bei 180 °C Ober-Unterhitze circa 25–30 Minuten backen.

Für die Apfelfüllung die Gelatine nach Packungsanweisung in kaltem Wasser einweichen und erhitzen. Die Äpfel schälen, halbieren, das Kerngehäuse entfernen und auf einer Reibe grob raspeln. Anschließend mit Zitronensaft beträufeln und kurz verrühren. Den Eierlikör (oder die Sahne-Eierlikör-Mischung) mit Wasser vermischen und 4–5 EL davon mit dem Puddingpulver verrühren. Die restliche Eierlikörmischung in einen Topf geben, kurz aufkochen und vom Herd nehmen. Das angerührte Puddingpulver dazugeben und alles erneut auf die Herdplatte stellen. Unter ständigem Rühren weiter aufkochen lassen, bis die Flüssigkeit angedickt ist. Von der Herdplatte nehmen, etwas abkühlen lassen und die aufgelöste Gelatine unterrühren. Die Masse weiter abkühlen lassen, dann die Apfelraspel unterrühren.
Um den Biskuitboden einen Tortenring stellen, die Apfelfüllung darauf verteilen und in den Kühlschrank stellen.

Für die Sahnefüllung die Gelatine nach Packungsanweisung in kaltem Wasser einweichen. Den Quark in eine Schüssel geben und mit dem Eierlikör, der Milch und dem Puderzucker gut verrühren. Die Gelatine durch Erhitzen auflösen und in die Quarkmasse einrühren. Die Sahne mit Sahnesteif aufschlagen. Ein Drittel der Sahne unter die Quarkmasse rühren und dann die restliche Sahne gleichmäßig unterheben. Die Sahnecreme auf der Apfelfüllung verteilen, glatt streichen und die Torte erneut in den Kühlschrank stellen, bis alles fest geworden ist. Vor dem Servieren die Torte mit Kakaopulver bestreuen.

Tipp

Wer den Eierliköranteil reduzieren möchte, kann ihn durch Kaffeesahne oder Kondensmilch ersetzen.

GRILLAGETORTE

Backzeit: ca. 2 Stunden bei 100 °C **Kühlzeit:** einige Minuten **Backform:** 28er-Springform

Zutaten

Für den Teigboden

4 Eiweiß

100 g Haselnüsse, gehackt

100 g Walnüsse, gehackt

200 g Zucker

Für die Füllung

¾ l Sahne

3 EL Rum

200 g Blockschokolade, bitter

100 g Mandeln, gehobelt

5 EL Zucker

Krokant (nach Belieben)

Schokostreusel (nach Belieben)

Zubereitung

Für den Teigboden Walnüsse und Haselnüsse in einer Pfanne anrösten und anschließend abkühlen lassen. Das Eiweiß sehr steif aufschlagen, dabei den Zucker nach und nach einrieseln lassen und anschließend die gerösteten Nüsse unterheben. Den Teig in zwei Springformen mit 28 cm Durchmesser geben, oder alternativ in einen Spritzbeutel mit Sterntülle füllen und schneckenförmig von innen nach außen 2 Böden (Durchmesser circa 28 cm) auf Backpapier spritzen. Die Böden im vorgeheizten Backofen bei 100 °C Umluft circa 2 Stunden backen und auskühlen lassen.

Für die Füllung die Schokolade raspeln, die Sahne cremig (nicht steif) aufschlagen. Rum, Mandeln, Zucker, geraspelte Schokolade und Krokant unterheben. Auf den unteren Boden gut zwei Drittel der Füllung geben, dann den zweiten Boden darauflegen. Die Torte am besten anfrieren, um sie dann mit der restlichen Sahnefüllung einzustreichen. Die Torte nach Belieben mit Sahnetupfern und je nach Geschmack mit Schokostreuseln verzieren. Die fertige Torte in den Tiefkühler geben und ca. 1 Stunde vor dem Servieren herausnehmen.

Tipps

Wer **auf Alkohol verzichten** möchte, kann den Rum einfach weglassen.

Wer die **Baiserböden nicht ganz so knusprig** haben möchte, kann die Backzeit etwas reduzieren.

Statt der gehackten Nüsse können auch gemahlene für die Böden verwendet werden.

Die Füllung kann auch **mit Mandelkrokant** verfeinert werden. Hierfür Mandeln in einer Pfanne ohne Fett anrösten. Zucker zugeben und unter Rühren goldgelb karamellisieren. Die Masse auf ein leicht gebuttertes Backpapier verteilen und erkalten lassen. Den Krokant in einem Gefrierbeutel grob zerkleinern. Etwas Krokant zum Garnieren beiseitestellen und den restlichen Krokant unter die Sahne heben.

Marcels Tipp: Wer den Schokoladengeschmack weniger bitter haben möchte, kann die Blockschokolade auch durch dunkle Kuvertüre ersetzen.

Tipp

Zur Verarbeitung des übrig gebliebenen Eigelbs

SELBST GEMACHTER EIERLIKÖR

4 Eigelbe

375 g feiner Zucker

1 Pck. Vanillezucker

ca. 1 l Dosenmilch (10 %)

1 Tasse Kaffee-Extrakt (oder 1 doppelter Espresso), aufgesetzt und abgekühlt

250 ml Weingeist

Alle Zutaten, außer den Weingeist, gut verrühren. Anschließend den Weingeist unter Rühren langsam einträufeln. In gut gesäuberte Flaschen füllen und einige Tage im Kühlschrank ruhen lassen. Der Clou hierbei ist der Espresso, der dem Likör die besondere Kaffeenote verleiht!

KIRSCH-SCHMANDKUCHEN

Backzeit: ca. 15 Minuten bei 200 °C **Kühlzeit:** einige Minuten **Backform:** Backblech

Zutaten

Für den Teigboden

250 g Butter

200 g Zucker

2 Pck. Vanillezucker

4 Eier

250 g Mehl

½ Pck. Backpulver

Für den Belag

2 Pck. Vanillepudding-
pulver (zum Kochen)

150 g Zucker

2 Eier

¾ l Milch

600 g Schmand

2 Gläser Sauerkirschen
(à 720 ml)

2 Pck. Tortenguss

Zubereitung

Für den Teigboden alle Zutaten in eine Schüssel geben und mit einem Handrührgerät oder einer Küchenmaschine zu einem Rührteig verarbeiten. Den Teig auf ein gefettetes oder mit Backpapier belegtes Backblech streichen. Im vorgeheizten Backofen bei 180–200 °C Umluft circa 15 Minuten backen.

Für den Belag das Puddingpulver mit dem Zucker, den Eiern und ⅛ Liter Milch in eine Schüssel geben und glatt rühren. Die restliche Milch in einen Topf geben, zum Kochen bringen, das angerührte Puddingpulver einrühren und alles kurz aufkochen lassen. Den Schmand unterheben, die Schmand-creme etwas abkühlen lassen und auf den vorgebackenen Boden streichen. Die Kirschen in einem Sieb abtropfen lassen, den aufgefangenen Saft aufheben! Die abgetropften Kirschen auf der Schmandcreme verteilen.
Den Kuchen im vorgeheizten Backofen bei 200 °C Umluft circa 15 Minuten backen und auskühlen lassen.

Fertigstellung
2 Pck. Tortenguss, rot (alternativ 1–2 Päckchen Dessertpulver für Rote Grütze)
Zu dem aufgefangenen Sauerkirschsaft Wasser zugeben, bis eine Menge von 500 ml erreicht ist. Den Tortenguss mit dem Saft anrühren und nach Anleitung (ohne Zucker) in einem Topf aufkochen und über dem Kuchen verteilen.

Tipp
Die Kuchenstücke mit kleinen Sahnehäubchen und Kirschen garnieren.

PIKANTER GEWÜRZ-APFEL-NUSSKUCHEN

Backzeit: ca. 30 Minuten bei 180 °C **Kühlzeit:** einige Minuten **Backform:** 26er-Springform

Zutaten

Für die Gewürznüsse

200 g gemischte Nüsse nach Wahl (grob klein gehackt)

25 g Butter

25 g Zucker

¼ TL Chipotle Pulver (geräucherte Chilischoten)

¼ TL Ingwer, gemahlen

½ TL Salz

1 EL Ahornsirup

1 EL Worcestersoße

Für den Teig und Belag

100 g weiche Butter

100 g Zucker

2 Eier

1 Vanilleschote

½ Bio-Zitrone

100 g Mehl

1 gehäufter TL Backpulver

6 Äpfel (fein-säuerliche Sorte, wie z. B. Boskoop, Elstar)

200 ml Sahne

Puderzucker nach Belieben

Zubereitung

Für die Gewürznüsse die Butter in einer beschichteten Pfanne schmelzen und mit dem Zucker und den übrigen Gewürzen unter ständigem Rühren gut vermischen. Die Nüsse dazugeben und darin schwenken, bis sie vollständig überzogen sind. Dann die Nussmischung gut verteilt auf ein mit Backpapier belegtes Backblech legen, sodass sie nicht zusammenkleben. Im vorgeheizten Backofen bei 180 °C Ober-/Unterhitze circa 10 Minuten rösten und erkalten lassen.

Für den Teig und Belag die Äpfel schälen und in kleine Würfel (ca. 2–3 cm, Größe etwa wie die der gehackten Nüsse) schneiden. Die Butter mit dem Zucker mit einem Handrührgerät schaumig schlagen. Eier, das ausgekratzte Mark der Vanilleschote und Zitronen-Zesten (abgeriebene, dünne Schalenstreifen von der Bio-Zitrone) dazugeben, alles verquirlen und weiterrühren. Mehl und Backpulver untermischen. Dann die Hälfte der gewürfelten Apfelstücke und die Hälfte (100 g) der Gewürznüsse zu dem Teig geben und gut untermischen. Die Sahne steif schlagen und vorsichtig mit einem Teigspatel unterheben. Den Teig in die ausgebutterte Springform füllen.
Die übrigen Apfelwürfel mit dem Rest (100 g) der Gewürznüsse vermischen. Die Teigoberfläche gleichmäßig dicht damit belegen und den Kuchen im vorgeheizten Backofen bei 180 °C Ober-/Unterhitze (Mitte, Umluft 160 °C) circa 30 Minuten backen. Falls die Oberfläche zu dunkel wird, mit Alufolie abdecken. Eine Stäbchenprobe machen und den Kuchen evtl. noch 10 Minuten länger im Ofen lassen. Den Kuchen etwas auskühlen lassen und dann mit Puderzucker kurz vor dem Servieren bestäuben.

Der Kuchen schmeckt sehr gut lauwarm.

Tipps

• Die Gewürznüsse lassen sich gut vorbereiten und halten sich auch gut ein paar Tage in einem luftdicht verschlossenen Gefäß.
• Sie sind auch unabhängig vom Kuchen ein guter Snack.
• Wer sich das zusätzliche Rösten der Nüsse für den Kuchen im Backofen sparen möchte, kann die Gewürznüsse nach dem Anrösten in der Pfanne auch direkt mit der Hälfte der Apfelwürfel für den Belag vermengen und diesen gleichmäßig auf dem Teig verteilen. Danach den Kuchen (wie angegeben) im vorgeheizten Backofen bei 180 °C Ober-/Unterhitze (Mitte, Umluft 160 °C) circa 30 Minuten backen.

SEKTTORTE MIT WEINTRAUBEN

Backzeit: 30 Minuten bei 170 °C **Kühlzeit:** einige Minuten **Backform:** 28er-Springform

Zutaten

Für den Biskuitboden

3 Eier

etwas Wasser

90–100 g Zucker

100 g Weizenmehl

50 g Speisestärke

1 TL Backpulver

1 Pck. Vanillezucker

Für die Füllung

400 ml Sekt (möglichst süß)

2 Eier

2 Pck. Maracuja-
Dessertcremepulver

½ l Sahne, aufgeschlagen

ca. 450 g Weintrauben, rot oder
weiß (für einen Bodenbelag)

6 Blatt Gelatine

Zubereitung

Für den Biskuitboden die Eier trennen. Das Eiweiß mit etwas Wasser und dem Zucker aufschlagen, das Eigelb kurz unterschlagen und Mehl, Speisestärke, Backpulver und Vanillezucker untermengen. Den Biskuitteig in eine mit Backpapier ausgelegte Backform geben und im vorgeheizten Backofen bei 170 °C Ober-/Unterhitze circa 30 Minuten backen.

Für die Füllung die Eier trennen. Eiweiß mit Sekt und Maracujapulver in eine Schüssel geben und mit einem Handrührgerät circa 2–3 Minuten schaumig schlagen. Eigelb zugeben und unterrühren. Die steif geschlagene Sahne unterheben. Die Blattgelatine in kaltem Wasser einweichen, ausdrücken, auflösen und unter die Creme mischen. Biskuitboden durchschneiden, je nach Geschmack mit Sekt tränken und dann mit Weintrauben belegen. Die großen Weintrauben am besten teilen und die Kerne entfernen. (Gut geeignet sind kleine Trauben ohne Kerne.)
Einen Tortenring um den Kuchen legen und die Creme auf die Trauben geben. Den oberen Boden darauflegen und im Kühlschrank fest werden lassen. Danach Tortenring entfernen und die Torte nach Belieben verzieren.

KRÜMELKUCHEN

Backzeit: ca. 30 Minuten bei 175 °C **Kühlzeit:** einige Minuten **Backform:** 26er-Springform

Zutaten

Für den Teig

100 g Zucker

1 Pck. Vanillezucker

200 g Butter

6 Eier
100 g Mehl

25 g Speisestärke
(alternativ: Kartoffelmehl)

½ Pck. Backpulver

100 g Haselnüsse,
gemahlen

100 g dunkle Kuvertüre,
gerieben

Für die Füllung

2 Becher Sahne
(à 200 ml)

2 EL Kakao, kalt anrührbar

Puderzucker nach
Belieben

Zubereitung

Die Eier trennen. Zucker, Vanillezucker, Butter und Eigelbe mit einem Handrührgerät oder in einer Küchenmaschine verrühren. Mehl, Speisestärke, Backpulver, Nüsse und geriebene Kuvertüre unterrühren. Das Eiweiß steif schlagen und unterheben. Den Teig in eine Springform füllen und circa 30 Minuten bei 175 °C Umluft backen. Den Kuchen auskühlen lassen und dann in der Mitte mit einem Löffel so aushöhlen, dass nur noch Boden und Rand stehen bleiben. Den ausgehobenen Teig „zerkrümeln",
die Sahne steif schlagen und zwei Drittel der Teigkrümel mit Kakao und Sahne vermischen und in den Kuchen füllen. Die restlichen Krümel obendrauf streuen und alles mit Puderzucker bestäuben.

Tipp

Man kann auch nach Belieben Sauerkirschen, Mandarinen oder andere Früchte auf den ausgehöhlten Boden geben und dann erst die Sahne mit den vermischten Kuchenkrümeln darübergeben.

ZITRONENCREMETORTE

Backzeit: Mürbeteig ca. 15 Minuten bei 200 °C, Biskuitboden ca. 25–30 Minuten bei 180 °C
Kühlzeit: einige Minuten **Backform:** 26er-Springform

Zutaten

Für den Mürbeteig

100 g Butter, weich

50 g Zucker

10 ml Wasser

1 Prise Salz

etwas ausgekratztes Mark
einer Vanilleschote

150 g Mehl, Typ 550

Marmelade nach Wahl

Für den Biskuitboden

2 Eier (100 g Ei)

20 ml heißes Wasser

110 g Zucker

1 Prise Salz

etwas ausgekratztes Mark
einer Vanilleschote

100 g Mehl, Typ 550

5 g Backpulver

Für die Zitronencreme

8 Blatt Gelatine

3 Eigelb (60 g Eigelb)

180 g Zucker

180 ml Zitronensaft

650 ml Schlagsahne

100 g Magerquark

Für den Zitronenguss

1 Beutel Götterspeise mit
Zitronengeschmack

250 ml Wasser

20 g Zucker

Fertigstellung

weiße Kuvertüre, geraspelt

etwas geschlagene Sahne

1 Zitrone, unbehandelt

Zubereitung

Für den Mürbeteig Butter, Zucker, Wasser, Salz und Vanillemark miteinander vermischen. Das Mehl zufügen und alles mit der Hand oder in der Küchenmaschine zu einem glatten Mürbeteig kneten. Den Teig ca. 45 Minuten durchkühlen lassen und dann auf einer leicht gemehlten Arbeitsfläche einen Boden von 26 cm Durchmesser ausrollen. Den Boden auf ein mit Backpapier ausgelegtes Backblech legen und mit einer Gabel mehrmals einstechen. So wirft er keine Blasen während des Backens. Im vorgeheizten Backofen bei 200 °C Ober-/Unterhitze ca. 15 Minuten goldbraun backen. Den Boden abkühlen lassen und mit einer Marmelade nach Wahl bestreichen. Den Boden mit einem Tortenring von 26 cm Durchmesser und 7 cm Höhe umstellen, alternativ geht auch eine Springform.

Für den Biskuitboden Eier, Wasser, Salz und Vanillemark mit einer Küchenmaschine oder dem Handrührgerät schaumig schlagen. Mehl und Backpulver miteinander vermischen, zu der Eimasse geben und behutsam miteinander verrühren. Die fertige Biskuitmasse in einen mit Backpapier eingeschlagenen Tortenring oder Springform von 26 cm Durchmesser einfüllen, glatt streichen und im vorgeheizten Backofen bei 180 °C Ober-/Unterhitze ca. 25–30 Minuten goldbraun backen. Nach dem Backen den Biskuitboden auskühlen lassen und dann in den Tortenring auf den Mürbeteigboden legen.

Für die Zitronencreme die Gelatine einweichen und gut ausdrücken. Eigelb, Zucker und Zitronensaft in einen Topf geben und unter ständigem Rühren erhitzen, dann die Gelatine in der Flüssigkeit auflösen und die Zitronenmasse abkühlen lassen. Die Schlagsahne aufschlagen, vorsichtig mit dem Magerquark vermengen und unter die abgekühlte Zitronenmasse heben. Die fertige Zitronencreme in den Tortenring einfüllen und glatt streichen. Anschließend die Torte für mindestens 1 Stunde in den Kühlschrank stellen.

Für den Zitronenguss Zucker und Götterspeisepulver in einen Topf geben, miteinander vermischen, Wasser zufügen und unter Rühren erhitzen, bis sich der Zucker vollständig gelöst hat. Den fertigen Guss abkühlen lassen und dann vorsichtig auf die erkaltete Torte gießen, sodass sich ein glänzender Spiegel bildet. Die Zitronentorte noch einmal in den Kühlschrank geben, damit der Zitronenguss fest werden kann.

Fertigstellung
Wenn der Zitronenspiegel fest geworden ist, den Tortenring vorsichtig entfernen. Den Rand der Torte mit weißen Kuvertüreraspeln einstreuen. Auf der Oberfläche kleine Sahnetupfen anbringen und diese ebenfalls mit weißen Kuvertüreraspeln bestreuen. Zum Abschluss auf jeden Tupfen ein Viertel von einer frischen Zitronenscheibe legen.

WEIHNACHTLICHE MARZIPANTORTE

Backzeit: ca. 30 Minuten bei 175 °C **Kühlzeit:** einige Minuten **Backform:** 26er-Springform

Zutaten

Für den Mürbeteigboden

100 g Butter

50 g Zucker

etwas ausgekratztes Mark einer Vanilleschote

1 Prise Salz

150 g Mehl, Typ 550

1 Msp. Backpulver

Tipp

Alternativ kann man auch einen gekauften Mürbeteig verwenden.

Für den Biskuitboden

4 Eier (Gr. M)

2 EL heißes Wasser

200 g Zucker

etwas ausgekratztes Mark einer Vanilleschote

1 Prise Salz

200 g Weizenmehl, Typ 550

1 Msp. Backpulver

Für die Marzipanfüllung

600 g Marzipanrohmasse

200 g Aprikosenmarmelade

30 ml Kirschwasser

100 g Läuterzucker (50 g Zucker und 50 ml Wasser zusammen aufkochen und dann abkühlen)

Für die Marmeladenfüllungen

300 g Preiselbeerkonfitüre

1 Prise Zimt

10 g Rosinen

20 g geröstete Mandeln

Fertigstellung

300 g Ananaskonfitüre

100 g Erdbeerkonfitüre

100 g Aprikosenkonfitüre

gehobelte und geröstete Mandeln nach Belieben

Zubereitung

Für den Mürbeteigboden Butter, Zucker, Salz und Vanillemark mit der Hand oder einem Handrührgerät verkneten. Das Mehl mit dem Backpulver mischen und dann unterkneten, sodass ein glatter Mürbeteig entsteht. Den Teig in Frischhaltefolie wickeln, circa 25 Minuten im Kühlschrank durchkühlen und dann auf einer leicht gemehlten Arbeitsfläche ausrollen, sodass ein Teigboden von 26 cm Durchmesser entsteht. Mit einem Tortenring den Boden ausstechen und diesen auf ein mit Backpapier ausgelegtes Backblech legen. Den Boden mehrmals mit einer Gabel einstechen, damit dieser beim Backen keine Blasen wirft. Den Mürbeteigboden im vorgeheizten Backofen bei 200 °C Ober-/Unterhitze für circa 12–15 Minuten goldbraun backen. Danach ganz auskühlen lassen und beiseitestellen.

Für den Biskuitboden Eier, Wasser, Zucker und die Gewürze mit einem Handrührgerät cremig aufschlagen. Mehl mit Backpulver mischen und vorsichtig unter die Eimasse arbeiten. Langsam vermischen,

damit die Biskuitmasse nicht zu viel Volumen verliert. Die fertige Masse in eine gefettete Springform oder einen mit Backpapier eingeschlagenen Tortenring füllen und glatt streichen. Dann den Biskuit im vorgeheizten Ofen bei 200 °C circa 20–25 Minuten goldbraun backen. Gegen Ende der Backzeit eine Stäbchenprobe machen und gegebenenfalls die Backzeit noch einmal kurz verlängern. Nach dem Backen den Biskuitboden komplett abkühlen lassen und dann in vier gleichmäßige Böden schneiden.

Für die Marzipanfüllung die Marzipanrohmasse und Aprikosenmarmelade in eine Küchenmaschine geben. Unter langsamem Rühren Kirschwasser und Läuterzucker nach und nach dazugeben, bis die Marzipanmasse nach circa 2 Minuten geschmeidig und streichfähig ist. Diese Masse kann man sehr gut am Vortag herstellen und dann mit einer Frischhaltefolie abgedeckt stehen lassen.
Tipp: Wer auf das Kirschwasser verzichten möchte, kann es auch durch Läuterzucker ersetzen.

Für die Marmeladenfüllungen alle Zutaten gut vermengen.

Fertigstellung: Den Mürbeteigboden dünn mit etwas Marmelade nach Wahl bestreichen und mit einem Tortenring von 26 cm Durchmesser und 5 cm Höhe umstellen. Den ersten dünn geschnittenen Biskuitboden einlegen und mit circa 300 g der Marzipanfüllung gleichmäßig bestreichen.

Den zweiten Biskuitboden darüberlegen und mit der verfeinerten Preiselbeerkonfitüre bestreichen. Den dritten Teigboden einlegen, mit der Ananaskonfitüre bestreichen und mit dem letzten Biskuitboden abschließen. Diesen mit Marzipanmasse bis zum Rand des Rings bestreichen, sodass die Oberfläche schön glatt ist.
Die restliche Marzipanmasse in einen Spritzbeutel mit Lochtülle geben und ein quadratisches Muster (Gitterstruktur) auf die Torte spritzen. Die Torte im vorgeheizten Backofen bei circa 200 °C Ober-/ Unterhitze circa 20–25 Minuten goldbraun backen, dabei darauf achten, dass die Oberfläche nicht zu dunkel wird. Die Torte aus dem Ofen nehmen und abkühlen lassen. Die Aprikosenmarmelade kurz aufkochen und die Oberfläche der Torte damit dünn mit einem Backpinsel bestreichen. Wenn die Aprikosenmarmelade fest geworden ist, die Erdbeermarmelade kurz aufkochen und diese in die Vertiefungen der Gitterstruktur geben, am besten mithilfe eines kleinen Trichters oder kleinen Löffels. Ist auch die Erdbeermarmelade fest, den Ring vorsichtig entfernen und nur! den Rand der Torte mit gehobelten und gerösteten Mandeln einstreuen. Wer mag, kann noch eine kleine weihnachtliche Marzipan-Dekoration auflegen.

Tipps

• Die Marzipanmasse lässt sich besser verstreichen, wenn man sie vorher circa 20 Sekunden in der Mikrowelle erwärmt.
• Die Torte kann sehr gut einige Tage vor den Feiertagen hergestellt werden. Im Kühlschrank aufbewahrt hält sie sich bis zu 3 Wochen.

BUTTERKUCHEN MIT FRUCHTIGEM JOHANNISBEEREN-MAKE-UP

Backzeit: ca. 25 Minuten bei 200 °C **Kühlzeit:** einige Minuten **Backform:** Backblech

Zutaten

400 g Mehl

25 g frische Hefe

150 g Zucker

ca. 200 ml lauwarme Milch

1 Prise Salz

2 Eier

300 g Butter, zimmerwarm

500 g rote Johannisbeeren

200 g Marzipanrohmasse

50 g Mandelblättchen

Puderzucker

Zubereitung

Mehl, Hefe, 70 g Zucker, lauwarme Milch, Salz, Eier und 70 g Butter mit einem Handrührgerät oder der Küchenmaschine zu einem glatten Teig verkneten und zugedeckt circa 1 Stunde gehen lassen. Die Johannisbeeren waschen und von den Rispen streifen.

Die Marzipanrohmasse kurz anfrieren, dass sie etwas fester ist und dann reiben. Mit der restlichen Butter und 30 g Zucker mit einem Handrührgerät zu einer sehr glatten Masse verrühren.

Den gegangenen Teig durchkneten, auf einem mit Backpapier ausgelegten Backblech gleichmäßig verteilen und nochmal 15 Minuten gehen lassen. Dann mit dem Daumen dicht nebeneinander tiefe Löcher (bis auf den Backblechboden) in den Teig drücken. Die Butter-Marzipan-Masse mithilfe eines Spritzbeutels in die Löcher spritzen.

Johannisbeeren und Mandelblättchen auf dem Kuchen locker verteilen, sodass es schöne rote Tupfen gibt. Alles mit dem restlichen Zucker bestreuen. Im vorgeheizten Backofen bei 200 °C Umluft auf der 2. Schiene von unten circa 25 Minuten backen, bis er goldgelb ist. Dann abkühlen lassen, mit Puderzucker bestreuen und am besten noch lauwarm genießen.

Tipps

Johannisbeeren lassen sich auch gut einfrieren, so hat man auch außerhalb der Saison die passende Frucht zur Hand. Ansonsten kann man die Früchte bis zu 3 Wochen aufbewahren.

Marcels Tipp

Um die **Masse geschmeidiger** zu machen, die Marzipanrohmasse mit 1–2 Eigelb in einer Küchenmaschine gut verrühren und dann stückchenweise zimmerwarme Butter unterrühren.

GLÜHWEINKUCHEN

Backzeit: ca. 60–70 Minuten bei 175 °C **Kühlzeit:** einige Minuten **Backform:** 20er-Gugelhupfform, 11 cm hoch

Zutaten

Für den Teig

200 ml Glühwein, kalt

375 g Butter

375 g Puderzucker, gesiebt

6 Eier

ausgekratztes Mark einer Vanilleschote

1 Pck. Vanillezucker

125 g Zartbitterschokolade, geraspelt

1 ½ EL Speisestärke

375 g Mehl

1 Msp. Zimt

Für den Guss

250 g Puderzucker

ca. 8 EL Glühwein

20 g gehackte Haselnüsse

Zubereitung

Für den Teig Puderzucker und Butter schaumig rühren, die Eier nach und nach dazugeben. Dann den Glühwein, das Vanillemark, Vanillezucker, Zimt, die Schokolade, Speisestärke und Mehl nach und nach unterrühren.
Den Teig in die gefettete Gugelhupfform geben und im vorgeheizten Backofen auf der unteren Schiene bei 175 °C circa 60–70 Minuten backen. Auskühlen lassen.

Für den Guss Puderzucker mit Glühwein und Haselnüssen verrühren und auf den Kuchen geben.

Tipps

Alternativ kann man den Glühweinkuchen auch nur mit Puderzucker bestreuen oder mit einem Puderzuckerguss überziehen.

Marcels Tipp
Für eine **alkoholfreie Variante** kann man den Glühwein gut durch Kinderpunsch oder alkoholfreien Glühwein ersetzen.

Marcels Tipp:

Selbst gemachter Glühwein

Für ca. 1 Liter

½ unbehandelte Zitrone

½ unbehandelte Orange

1 unbehandelte Mandarine

1 Flasche trockener Rotwein
(z. B. Burgund, Bordeaux oder Elsass)

100 ml Wasser

190 g Zucker

1 Zimtstange

2 Blüten Sternanis

2 Gewürznelken

1 Msp. geriebene Muskatnuss

Zitrone, Orange, Mandarine schälen und in grobe Stücke schneiden. Wein, Wasser, Zucker, Gewürze und die Früchte in einen großen Topf geben. Die Mischung erhitzen und langsam aufkochen. Wenn sie kocht, weitere 3–5 Minuten sanft köcheln lassen. Anschließend den Glühwein durch ein Sieb in eine Schüssel gießen, dann in Gläser füllen oder für den Kuchen abkühlen lassen.

Tipp

Für den Kuchen kann man den Glühwein sehr gut einen Tag vorher herstellen.

LAKRITZ-HIMBEERMOUSSE-TORTE

Backzeit: ca. 15 Minuten bei 175 °C **Kühlzeit:** einige Minuten **Backform:** 28er-Springform

Zutaten

Für den Teig

150 g kalte Butter

300 g Weizenmehl

100 g Puderzucker

1 Ei

1 ½ gestr. TL Lakritzpulver oder Lakritzgranulat

Für die Mousse

750 g Himbeeren (frisch oder tiefgekühlt) für ca. 450 g Himbeerpüree

130 g Zucker

2 ½ EL Zitronensaft

9 Blatt Gelatine

300 ml Sahne

2 ½ Pck. Sahnesteif

300 g griechischer Joghurt (10 %)

Zubereitung

Mehl, Puderzucker und Lakritzpulver vermischen, die Butter würfeln, dazugeben und alles mit einem Knethaken verrühren (alternativ mit der Hand verkneten). Während des Rührens das Ei hinzufügen und gut durchkneten. Den Teig in Frischhaltefolie wickeln und für 1 Stunde im Kühlschrank ruhen lassen.

Den Teig auf die Größe der Springform ausrollen und in die mit Backpapier ausgelegte Form geben. Den Teigboden mit einer Gabel mehrmals einstechen und im vorgeheizten Backofen bei 175 °C Umluft circa 15 Minuten backen (zum Test eine Stäbchenprobe machen). Den Teigboden auf einem Kuchengitter auskühlen lassen. Einen Tortenring um den Boden setzen.

Die Himbeeren in einen Topf geben, erwärmen, mit einem Mixstab pürieren und anschließend durch ein Sieb streichen. Die Himbeermasse mit dem Zitronensaft und Zucker in einen Topf geben und 5 Minuten köcheln lassen. Die Gelatine in kaltem Wasser einweichen, ausdrücken und in die heiße Himbeermasse rühren. Etwas abkühlen lassen und dann den Joghurt einrühren. Die steif geschlagene Sahne unter die ausgekühlte Himbeermasse rühren und auf den Kuchenboden füllen. Glatt streichen und über Nacht in den Kühlschrank stellen. Den Kuchen nach Belieben verzieren.

> **Marcels Tipp:**
>
> ## Für die Tortengarnitur
>
> Etwas klaren Tortenguss nach Packungsanleitung auflösen und frische Himbeeren darin eintunken. Nussnougatcreme in einen Spritzbeutel geben, mithilfe des Spritzbeutels Tupfen auf die Torte geben und die Himbeeren daraufsetzen. Nach Belieben mit Minzblättchen dekorieren.

CHEESECAKE

Backzeit: ca. 15 und 40 Minuten bei 200 °C **Kühlzeit:** einige Minuten **Backform:** 26er-Springform

Zutaten

200 g Weizenmehl

150 g Butter

1 Msp. Backpulver

40 g Zucker

1 Pck. Vanillezucker

1 EL Honig
(Wildblütenhonig)

Für den Belag

250 ml Schlagsahne

700 g Doppelrahm-
frischkäse

100 g Zucker

1 Pck. Vanillezucker

1 EL Zitronensaft (je nach
Geschmack etwas mehr
oder weniger)

4 Eier

30 g Speisestärke
(Maisstärke)

Zubereitung

Alle Zutaten in einer Schüssel zusammenrühren und mit der Hand (alternativ mit einem Handrührgerät und Knethaken) zu einem glatten Teig verkneten. Den Teig circa 20 Minuten kalt stellen. Den Boden der Springform mit Backpapier auslegen und an den Seiten einfetten.

Zwei Drittel des Teiges ausrollen und den Boden der Springform damit auskleiden. Ein Drittel des Teiges mit 1 EL Mehl verkneten, zu einer Rolle formen und diese am Rand auf den Teigboden legen und leicht an der Form hochdrücken. Den Teigboden mit einer Gabel mehrmals einstechen und im vorgeheizten Backofen bei 200 °C Ober-/Unterhitze circa 15 Minuten vorbacken. Anschließend den Teigboden abkühlen lassen.

Für die Füllung die Sahne steif schlagen. Den Frischkäse mit den übrigen Zutaten in einer Schüssel glatt rühren und die Sahne unterheben. Die Masse auf den Boden geben und den Kuchen im vorgeheizten Backofen bei 200 °C Ober-/Unterhitze circa 40 Minuten backen. Der Kuchen sollte eine nicht zu dunkle Farbe haben. Den Kuchen noch circa 10 Minuten im ausgeschalteten Backofen ruhen und dann abkühlen lassen.

Tipps

Am besten schmeckt der Cheesecake am nächsten Tag.

Marcels Tipp:
Dazu passt gut eine Kirschbeilage. Hierfür die Kirschen aus einem Glas Kirschen abtropfen lassen, etwas Kirschsaft mit ein bisschen Weizenstärke verrühren, den restlichen Kirschsaft in einem Topf aufkochen, mit Zucker abschmecken und mit der Stärke abbinden. Zum Schluss die Kirschen dazugeben.

BEERENTORTE MIT DUNKLER SCHOKOLADE

Backzeit: Mürbeteigboden ca. 10–12 Minuten bei 180–200 °C, Rührteigboden ca. 10 Minuten bei 180 °C
Kühlzeit: einige Minuten **Backform:** 26er-Springform

Zutaten

Für den Mürbeteig

120 g Mehl

80 g Butter, kalt

40 g feinster Zucker

1 Bio-Eigelb

1 Prise Salz

Für den Rührteig

250 g Zartbitterkuvertüre, gehackt

200 g Mehl

50 g Speisestärke

1 gestr. TL Backpulver

180 g Butter

150 g Zucker

1 Prise Salz

4 Bio-Eier (Gr. M)

Fett und Mehl für die Form

Für die Füllung

10 Blatt weiße Gelatine

500 g frische Beeren, je nach Saison
(z. B. Himbeeren, Brombeeren,
Erdbeeren)

130 g Zucker

800 ml Schlagsahne

250 g Vollmilch-Naturjoghurt

Für die Dekoration

200 g Obst, Himbeeren, Brombeeren
oder Erdbeeren

200 ml Schlagsahne

200–250 g dunkle Kuvertüre

1 Pck. Vanillezucker

1 Pck. Sahnesteif

Zusätzlich: 2 EL Konfitüre
(Himbeere, Brombeere oder
Erdbeere) für den Mürbeteigboden

Zubereitung

Für den Mürbeteigboden die Butter in kleine Stückchen teilen und zusammen mit den restlichen Zutaten in einer Küchenmaschine zu einem Mürbeteig kneten. Den Teig auf die Größe der Backform ausrollen und in die mit Backpapier ausgelegte Backform geben. Im vorgeheizten Backofen bei 180–200 °C Ober-/Unterhitze circa 10–12 Minuten backen.

Für die Rührteigböden die gehackte Kuvertüre im Wasserbad schmelzen. Mehl, Speisestärke, Backpulver, Butter, Zucker, Salz, Eier in einer Schüssel mit einem Handrührgerät oder einer Küchenmaschine zu einem Rührteig verarbeiten, dabei nicht zu lange rühren. Den Boden der Springform einfetten und mit etwas Mehl bestäuben. Den Teig vierteln, ein Viertel in die Backform geben und gleichmäßig auf dem Boden verstreichen. Den Boden im vorgeheizten Backofen (E-Herd: 200 °C/ Umluft: 180 °C/Gas: s. Hersteller) ca. 10 Minuten backen. Den Tortenboden vorsichtig aus der Springform lösen, auf ein Kuchengitter geben und sofort dick mit flüssiger Kuvertüre bestreichen. Trocknen lassen. Die Springform säubern, nochmals einfetten und mit Mehl bestäuben. Aus dem übrigen Teig und der Kuvertüre auf die gleiche Weise drei weitere Böden für die Torte zubereiten. Die Böden sollten nicht weich, sondern eher etwas „keksig" sein.

Für die Füllung 10 Blatt Gelatine in kaltem Wasser einweichen. 200 g Beeren pürieren, durch ein Sieb streichen, um die Kerne zu entfernen, die anderen Früchte evtl. etwas klein schneiden. Die Schlagsahne steif schlagen. Vollmilchjoghurt mit Zucker verrühren und unter die Sahne heben. Einen kleinen Teil der pürierten Früchte in einem Topf erwärmen und die eingeweichte Gelatine darin auflösen. Nicht mehr kochen!
2 EL der Joghurt-Sahnemischung zum Angleichen einrühren und weiteres kaltes Fruchtpüree einrühren. Abkühlen lassen und wenn es zu gelieren beginnt, die restliche Sahnemischung unterheben. Zum Schluss die restlichen Früchte unterheben.

Den Mürbeteigboden mit Konfitüre bestreichen, den ersten Tortenboden mit der Schokoseite nach oben auflegen. Einen Tortenring umlegen, dann ein Viertel der Creme darauf verteilen. So weitermachen, bis alle Böden und die gesamte Creme verbraucht sind. Im Kühlschrank gut durchkühlen lassen, am besten über Nacht, eventuell schon 2 Tage vor Verzehr zubereiten.
Zur Fertigstellung der Torte den Ring entfernen. Die Schlagsahne mit Vanillezucker und Sahnefestiger steif schlagen und die Torte oben (nicht am Rand) mit Sahne, Früchten und Schokospänen nach eigenem Geschmack dekorieren.

Tipp

Für die Deko der Torte kann man die restliche flüssige Kuvertüre auf die Rückseite eines sauberen Backblechs, eine Marmorplatte o. Ä. streichen, trocknen lassen und diese mit einem Spachtel zu Röllchen abschaben.

FRÜCHTEBROT

Backzeit: ca. 60 Minuten bei 190 °C **Kühlzeit:** einige Minuten

Backform: 1 große Kastenform von 30 cm und eine kleine Kastenform von 25 cm

Zutaten

Für die Früchtemischung

200 g ungeschälte Mandeln, ganz

200 g ungeschälte Haselnüsse, ganz

200 g Walnusskerne, ganz

200 g getrocknete Feigen (zwei- bis dreimal durchschneiden je nach Größe)

200 g getrocknete Aprikosen (ein- bis zweimal durchschneiden je nach Größe)

200 g helle Rosinen

200 g Kalifornische Weinbeeren

100 g Cranberrys

175 ml Rum

Für den Teig

5 Eier

100 g brauner Zucker

75 g weißer Zucker

1 ½ TL Lebkuchengewürz

220 g Mehl

100 g Speisestärke (Stärkemehl)

1 ½ TL Backpulver

1 ½ EL Kakao

Zubereitung

Für die Früchtemischung die Früchte mit den Mandeln, Haselnüssen, Walnüssen und dem Rum vermischen und über Nacht ziehen lassen.

Für den Teig die Eier mit dem braunen und weißen Zucker und dem Lebkuchengewürz schaumig rühren und mit einem Holzlöffel von Hand in die durchgezogene Nuss-Fruchtmischung einrühren. Mehl mit Stärke, Backpulver und Kakaopulver vermischen, sieben und mit einem Holzlöffel von Hand (nicht mit einem Mixer!) ebenfalls in die Früchte-Nussmischung einrühren.
Die zähe Teigmasse in die gefetteten Kastenformen füllen und dabei gut andrücken. Im vorgeheizten Ofen bei 190 °C Ober-/Unterhitze circa 60 Minuten abbacken. Eventuell die letzten 15 Minuten die Formen mit Backpapier abdecken, damit das Früchtebrot auf der Oberseite nicht zu dunkel wird. Die Garzeit mithilfe einer Stäbchenprobe prüfen.

Tipp

Das ausgekühlte Früchtebrot mit Schokoglasur überziehen. Das Früchtebrot hält sich gut verpackt mehrere Wochen und lässt sich auch gut einfrieren.

MUTTERTAGSTORTE À LA FRANÇAISE

Backzeit: ca. 25–30 Minuten bei 180 °C **Kühlzeit:** einige Minuten **Backform:** 26er-Springform

Zutaten

Für den Biskuitboden

12 Eier (Gr. M)

300 g Zucker

1 Prise Salz

etwas ausgekratztes Mark einer Vanilleschote

etwas Zitronenabrieb von einer halben unbehandelten Zitrone

300 g Mehl

Frischkäsemousse für die Füllung

8 Blatt Gelatine, eingeweicht und ausgedrückt

4 Eigelb (Gr. M)

150 g Zucker

500 g Frischkäse, glatt gerührt

600 ml Sahne, aufgeschlagen

40 ml Maracujasaft

Fertigstellung

150 ml Maracujasaft

300 g Erdbeermarmelade

Für die Verzierung der Torte

300 - 500ml Sahne

6 schöne Erdbeeren

Pfirsiche oder andere Früchte nach Belieben

Mandelblättchen

Zubereitung

Für den Biskuitboden die Eier trennen. Eiweiß mit Zucker und der Prise Salz zu einem stabilen Eischnee aufschlagen. Eigelb mit Vanillemark und Zitronenabrieb vermischen und vorsichtig unter das geschlagene Eiweiß ziehen. Zum Schluss das Mehl unter die Masse heben und alles zu einem glatten Biskuitteig verrühren. Die fertige Masse in eine mit Backpapier eingeschlagene Herzbackform füllen und dann im vorgeheizten Backofen bei 180 °C Ober-/ Unterhitze circa 25–30 Minuten goldbraun backen. Zum Ende der Backzeit eine Stäbchenprobe machen. Den fertigen Biskuitboden auskühlen lassen, dann zweimal waagerecht durchschneiden.

Frischkäsemousse für die Füllung: Eigelb und Zucker zu einer cremigen Masse aufschlagen. Die Gelatine zusammen mit dem Maracujasaft in einem Topf leicht erwärmen, bis sich die Gelatine aufgelöst hat. Kurz leicht abkühlen lassen und vorsichtig unter die Eigelbmasse geben. Frischkäse und Schlagsahne unterheben und alles verrühren.

Fertigstellung

Den ersten Biskuitboden in die gesäuberte Herzbackform legen, mit der Hälfte des Maracujasaftes tränken und der Hälfte der Erdbeermarmelade bestreichen. Ein Drittel der Füllung darauf verstreichen und den zweiten Biskuitboden darüberlegen. Diesen mit dem restlichen Maracujasaft tränken und mit Erdbeermarmelade bestreichen. Das zweite Drittel der Füllung darübergeben und glatt streichen. Den dritten Biskuitboden einlegen und die restliche Füllung darauf verteilen und glatt streichen. Die Torte für circa 2 Stunden in den Kühlschrank stellen, damit sie Bindung bekommt. Dann die Torte aus dem Kühlschrank nehmen und die Herzform vorsichtig entfernen. Die Seiten der Torte mit gerösteten Mandeln einstreuen.

Für die Verzierung der Torte circa 300 - 500 ml Schlagsahne aufschlagen. Die Torte damit komplett einstreichen. Erdbeeren mit Grün waschen und halbieren.
Mit Sahnetupfern verzieren, ein kleines Stück Pfirsich oder anderes Obst daran anlegen und auf jeden Tupfer eine halbe Erdbeere mit Grün mit der Schnittfläche nach oben setzen.
Den Rand der Torte nach Belieben mit Mandelblättchen dekorieren.

WEIHNACHTLICHE TRÜFFELCREMETORTE

Backzeit: ca. 40 Minuten bei 180 °C **Kühlzeit:** einige Minuten **Backform:** 26er-Springform

Zutaten

Für den Rührteig

150 g Butter

100 g Zucker

etwas ausgekratztes Mark einer Vanilleschote

1 Prise Salz

3 Eier (Gr. M)

180 g Eiweiß (Eiweiß von 6 Eiern)

150 g Zucker

300 g Mandeln, fein gemahlen

80 g Weizenmehl

3 gestr. TL Backpulver

1 TL Zimt, gemahlen

Für die Rumtränke

125 ml Wasser

60 g Zucker

40 ml Rum

Für die helle Trüffelcreme

100 ml Schlagsahne

200 g Vollmilch-Kuvertüre

Für die dunkle Trüffelcreme

100 ml Schlagsahne

200 g Zartbitter-Kuvertüre

Für den Schokoladenüberzug

40 ml Sahne

180 g Zartbitter-Kuvertüre

90 g Vollmilch-Kuvertüre

Zubereitung

Für den Rührteig die Butter mit einer Küchenmaschine oder einem Handrührgerät schaumig rühren, dabei Zucker, Vanillemark und Zimt nach und nach zugeben. Die drei Eier ebenfalls nach und nach zufügen, sodass eine sehr cremige Masse entsteht. Eiweiß und Zucker zu einem stabilen Eischnee aufschlagen und vorsichtig unter die Buttermasse heben. Die Mandeln mit Mehl und Backpulver vermischen und unter die Butter-Zucker-Eimasse geben. Die fertige Rührteigmasse in einen mit Backpapier eingeschlagenen Tortenring von 26 cm Durchmesser und 5 cm Höhe füllen oder alternativ in eine gefettete Springform. Im vorgeheizten Backofen bei 180 °C Ober-/Unterhitze circa 40 Minuten goldgelb backen. Gegen Ende der Backzeit eine Stäbchenprobe machen. Nach dem Backen den Boden vollständig auskühlen lassen und dann waagerecht dreimal durchschneiden. Den ersten Boden in einen Tortenring mit 26 cm Durchmesser legen.

Für die Rumtränke Wasser und Zucker in einem Topf erhitzen, bis sich der Zucker gelöst hat. Dann den Rum zufügen, verrühren und abkühlen lassen. Alle Teigböden mit einem Backpinsel mit Rumtränke leicht tränken bzw. bestreichen.

Tipp

Wer **keinen Alkohol** verwenden möchte, kann die Böden auch gut mit Fruchtsaft (z. B. Apfel- oder Orangensaft) tränken.

Für die Trüffelcreme die jeweils gehackte Kuvertüre mit der Sahne zusammen in einem Topf bei schwacher Hitze verrühren, bis eine glatte Masse entstanden ist. Die Cremes etwas abkühlen lassen und dann die getränkten Teigböden abwechselnd mit den Schokoladencremes bestreichen und übereinanderschichten. Mit der restlichen Creme auf dem obersten Boden abschließen. Die Torte kurz in den Kühlschrank stellen.

Für den Schokoladenüberzug die Sahne mit der gehackten Zartbitter- und Vollmilch-Kuvertüre in einem Topf bei schwacher Hitze zu einer geschmeidigen Creme verrühren und die gekühlte Torte damit überziehen. Den Tortenrand unten mit Krokant bestreuen und die Oberfläche mit weihnachtlichem Dekor verzieren.

ERDBEER-KUPPELTORTE

Backzeit: ca. 25–35 Minuten bei 180 °C **Kühlzeit:** einige Minuten

Backformen: ein Backblech, ein rechteckiger Backrahmen und eine 26er-Schüssel in Halbkugelform

Zutaten

Für den Mürbeteigboden

150 g Butter, zimmerwarm
(am besten Süßrahmbutter)

100 g Zucker

1 Prise Vanillesalz
(alternativ Salz)

300 g Dinkelmehl, 630er

evtl. 1 Schuss kaltes
Wasser

Für die Biskuitroulade

5 Eier, Gr. M

120 g Zucker

1 Prise Vanillesalz
(alternativ Salz)

150 g Dinkelmehl 630er

¾ Messerspitze Backpulver

1 Glas Erdbeerkonfitüre
(ca. 450 g)

Für die Erdbeerfüllung

400 g pürierte Erdbeeren

60 g Zucker

40 g Vanillezucker

400 g Magerquark

100 g Clotted Cream
(alternativ Magerquark)

250 ml Sahne

7 Blatt Gelatine

ca. 300–400 g Erdbeeren,
grob gewürfelt

Fertigstellung

einige Erdbeeren für die Deko

Zubereitung

Für den Mürbeteigboden die Butter würfeln und mit Zucker, Mehl und Salz in einer Küchenmaschine zu einem Mürbeteig verkneten, alternativ mit der Hand verkneten. Sollte der Teig zu „krümelig" werden, dann einfach noch einen Schuss Wasser dazugeben. Den Teig in Klarsichtfolie wickeln, kurz ruhen lassen und dann zwischen der Folie dünn ausrollen (knapp einen halben Zentimeter dick). Einen Kreis von 24 cm ausstechen, auf ein mit Backpapier belegtes Backblech legen, mit der Gabel mehrmals einstechen und im vorgeheizten Backofen bei 180 °C Ober-/Unterhitze, mittlere Schiene, circa 25–35 Minuten backen. Den Teigboden auf einem Kuchengitter auskühlen lassen.

Tipp

Übrig gebliebener Teig lässt sich gut einfrieren oder man kann Kekse daraus ausstechen und diese ebenfalls abbacken.

Für die Biskuitroulade die Eier trennen. Das Eiweiß zu Eischnee steif aufschlagen, Zucker und Salz dazugeben und weiter aufschlagen. Das Eigelb unterziehen, das Mehl mit Backpulver mischen, über die Eimasse sieben und vorsichtig unterziehen. Ein Backblech mit Backpapier belegen und einen rechteckigen Backrahmen in Größe des Backblechs daraufstellen. Die Biskuitmasse einfüllen und gleichmäßig dünn bis zu den Rändern glatt streichen und im vorgeheizten Backofen bei

200 °C Ober-/Unterhitze, mittlere Schiene, circa 10–15 Minuten goldgelb backen. Wer keinen Backrahmen zur Hand hat, kann den Teig auch direkt auf das Backblech geben.

Zwischenzeitlich ein Geschirrtuch mit Zucker bestreuen. Nach dem Backen sofort den Backrahmen entfernen, den Biskuit auf das Geschirrtuch stürzen, das Backpapier sofort vorsichtig abziehen und wieder auflegen. Das Geschirrtuch mit dem Biskuit und Backpapier von der langen Seite her vorsichtig eng aufrollen und auskühlen lassen.

Die ausgekühlte Biskuitroulade vorsichtig entrollen und gleichmäßig mit der Marmelade bestreichen. Erneut stramm aufrollen, in Klarsichtfolie verpacken und kurz im Kühlschrank durchkühlen lassen.

> **Marcels Tipp:**
> Wenn man sich einen „Aufrollvorgang" sparen möchte, kann man den Biskuit auf dem Geschirrtuch direkt mit Marmelade bestreichen, aufrollen in Klarsichtfolie verpacken und im Kühlschrank durchkühlen lassen.

Für die Erdbeerfüllung die Sahne steif schlagen. Quark, Clotted Cream, Zucker und Erdbeerpüree in eine Schüssel geben und gut verrühren. Die Gelatine laut Packungsanweisung in Wasser 5 Minuten einweichen, leicht ausdrücken und in einem kleinen Topf auf mittlerer Hitze erwärmen, bis sie sich auflöst. (Achtung, sie darf nicht zu heiß werden und auf keinen Fall kochen.) Etwas der Masse zu der aufgelösten Gelatine geben, alles gut verrühren, wieder etwas Quarkmasse dazugeben und wieder verrühren. Die Gelatinemasse unter die restliche Quarkmasse rühren. Zuletzt die steif geschlagene Sahne unterziehen und die gewürfelten Erdbeeren dazugeben.

Fertigstellung

Eine Schüssel (Halbkugelform, 24 cm Durchmesser) innen mit Wasser besprühen, Klarsichtfolie hineinlegen und alle Luftblasen herausdrücken. Die Biskuitroulade in 1 cm dünne Scheiben schneiden und von der Mitte beginnend in die Schüssel legen. Die ganze Schüssel damit auskleiden. Nun die Erdbeerfüllung hineingeben und evtl. obenauf die letzten Biskuitrouladen-Scheiben legen. Abschließend den Mürbeteigboden darauf legen und vorsichtig andrücken (Achtung, die Masse ist noch sehr weich).

Die überstehende Klarsichtfolie über den Boden schlagen und die Schüssel in den Kühlschrank stellen. Mindestens 4 Stunden, am besten über Nacht, gut durchkühlen. Zum Stürzen eine Tortenplatte auf die Schüssel legen und zusammen mit der Schüssel umdrehen. Durch die Klarsichtfolie wird sich die Torte sehr leicht von der Schüssel lösen. Nun die Folie abziehen und die Torte nach Belieben noch mit einigen Erdbeeren garnieren.

ESPRESSO-KÄSEKUCHEN

Backzeit: 35–40 Minuten bei 160 °C
Kühlzeit: einige Minuten **Backform:** 26er-Springform

Zutaten

Für ca. 12 Stücke

40 g Butter oder Margarine

300 g Haselnüsse, gemahlen

240 g Zucker

6 EL Espressopulver oder starkes Kaffeepulver

500 g Magerquark

400 g Doppelrahm-Frischkäse

1 Pck. Puddingpulver Vanillegeschmack (für ½ l Milch, zum Kochen)

4 Eier (Gr. M)

100 ml Schlagsahne

evtl. etwas Sahnesteif

Mokkabohnen zum Verzieren

etwas Fett für die Form

Zubereitung

Die Butter schmelzen und abkühlen lassen. 250 g Haselnüsse, 40 g Zucker, 2 EL Espressopulver und das flüssige Fett verkneten. Die Springform (Durchmesser 26 cm) einfetten. Die Haselnussmasse auf dem Boden verteilen und fest andrücken. Danach ca. 30 Minuten kalt stellen. Quark und Frischkäse mit einem Handrührgerät (Schneebesenaufsatz) glatt rühren. 200 g Zucker, das Puddingpulver, die Eier und 4 EL Espressopulver zugeben und unterrühren. Die Creme auf den Haselnussboden streichen. Im vorgeheizten Backofen (E-Herd 175 °C, Umluft 160 °C, Gas auf Stufe 2) circa 35–40 Minuten backen. Den Kuchen herausnehmen, vorsichtig vom Rand lösen und die restlichen Haselnüsse auf den Kuchen streuen. Die Sahne steif schlagen, in einen Spritzbeutel füllen und „Sahne-Tuffs" auf den Kuchen spritzen. Anschließend mit den Mokkabohnen verzieren.

> **Marcels Tipp:**
>
> ## Selbst gemachtes Schokoladengitter
>
> 100 – 150 g dunkle Kuvertüre oder hochwertige Zartbitterschokolade in kleine Stücke schneiden und in einem Topf schmelzen. Backpapier auf eine feste bewegliche Unterlage geben. Die Schokolade in eine kleine Spritztülle geben und in Gitterform auf das Backpapier spritzen, alternativ kann man auch mit einer Gabel arbeiten. Die Schokolade an einem kühlen Ort fest werden lassen. Vorsichtig vom Backpapier lösen und nach Belieben in Stücke brechen oder schneiden.

MANDARINENKUCHEN VOM BLECH

Backzeit: ca. 15–20 Minuten bei 180 °C **Kühlzeit:** einige Minuten
Backform: Backblech (ca. 30 x 40 cm)

Zutaten

4 Eier

2 Tassen Zucker

3 Pck. Vanillezucker

3 Tassen Mehl

1 Pck. Backpulver

½ Tasse Öl

1 Tasse Mineralwasser

4 Dosen Mandarinen (à 320 ml)

2 Becher Sahne (à 200 ml)

2 Pck. Sahnesteif

1 Becher Schmand (à 200 ml)

12 Löffelbiskuits

etwas Zimt und Zucker

etwas Fett für das Backblech

Zubereitung

Die Eier in eine Schüssel geben und mit einem Handrührgerät verrühren. Zucker und 1 Päckchen Vanillezucker unterrühren. Mehl und Backpulver unterrühren und dann langsam das Öl in den Teig einrühren. Mineralwasser dazugeben und verrühren. Die Teigmasse auf ein leicht gefettetes Backblech streichen. Die Mandarinen gut abtropfen lassen und auf dem Teigboden verteilen. Im vorgeheizten Backofen bei 180 °C Ober-/Unterhitze circa 15–20 Minuten backen und danach gut abkühlen lassen. Sahne, Sahnesteif und 2 Päckchen Vanillezucker steif schlagen. Schmand unter die Sahne heben und die Schmandcreme auf den abgekühlten Mandarinenkuchen streichen. Löffelbiskuits zerkleinern, mit Zimt und Zucker vermengen und kurz vor dem Servieren über den Kuchen streuen.

Tipp

Sollten einige Löffelbiskuits übrig bleiben, kann man sie gut in einer luftdichten Verpackung lagern.

Marcels Tipp:

Selbst gemachter Löffelbiskuit

je nach Größe für circa 25–30 Stück

3 Eigelb (bzw. 60 g Eigelb)

65 g Zucker

etwas ausgekratztes Mark einer Vanilleschote

1 Prise Salz

2 Eiweiß (bzw. 60 g Eiweiß)

40 g Zucker

1 Prise Salz

80 g Mehl, Typ 550

zusätzlich etwas Zucker zum Bestreuen

3–4 Backpapierstreifen (ca. 10 x 40 cm)

Das Eigelb mit 25 g Zucker, Vanillemark und 1 Prise Salz schaumig rühren. Eiweiß mit dem restlichen Zucker und 1 Prise Salz zu einem stabilen Eischnee aufschlagen. Den Eischnee vorsichtig unter die Eigelbmasse rühren und dann das Mehl untermengen. Alles behutsam verarbeiten, damit die Masse ihr Volumen nicht verliert. Backpapierstreifen auf ein Backblech geben, die fertige Masse in einen Spritzbeutel geben und auf die Backpapierstreifen spritzen, mit etwas Zucker bestreuen und dann im vorgeheizten Backofen bei 200 °C Ober-/ Unterhitze circa 8–10 Minuten goldbraun backen. Die Löffelbiskuits direkt vom Backpapier lösen und abkühlen lassen.

EIERLIKÖRTORTE

Backzeit: 20–25 Minuten bei 180 °C **Kühlzeit:** einige Minuten **Backform:** 26er-Backform

Zutaten

Für den Biskuitboden

4 Eier

40 ml Wasser, warm

50 g Zucker

1 Spritzer Zitronensaft

etwas Abrieb von der
Zitronenschale, ungespritzt

80 g Zucker

1 Prise Salz

80 g Mehl

45 g Speisestärke

4 g Backpulver

50 g Butter, geschmolzen

Zusätzlich:

1 Mürbeteigboden (selbst gebacken
oder gekauft, ca. 26 cm Durchmesser)

etwas Marmelade nach Wahl

Für die Füllung

ca. 350 g Birnen aus der Dose

8 Blatt Gelatine

6 Eigelb

70 g Zucker

180 ml Eierlikör

600 ml Sahne

120 g Zartbitterkuvertüre, geraspelt

Für den Eierlikörspiegel

260 ml Eierlikör

55 g weiße Kuvertüre

55 g Glukosesirup
(alternativ ca. 50 g Puderzucker)

4 Blatt Gelatine, eingeweicht und ausgedrückt

10 g dunkle Kuvertüre, aufgelöst

Für die Garnierung

nach Belieben geröstete Kokosraspel oder
Mandeln oder dunkle Schokoladenraspel

150 ml Sahne, geschlagen

Zubereitung

Für den Biskuitboden die Eier trennen. Eigelb, Wasser, Zucker, Zitronensaft und Zitronenabrieb mit einem Handrührgerät oder der Küchenmaschine schaumig aufschlagen. Eiweiß mit Zucker zu einem stabilen Eischnee aufschlagen. Mehl mit Stärke und Backpulver gut verrühren und einmal durchsieben. Die Eigelbmasse vorsichtig unter den Eischnee heben und vermischen. Das Mehlgemisch unterheben und zum Schluss die aufgelöste Butter unterziehen. Wenn die Masse schön glatt ist, diese in einer gefetteten Springform oder alternativ einen mit Backpapier eingeschlagenen Ring von 26 cm Durchmesser und 5 cm Höhe füllen und glatt streichen. Den Biskuitboden im vorgeheizten Backofen bei 180 °C Ober-/Unterhitze (oder Umluft) für 20–25 Minuten goldbraun backen. Gegen Ende der Backzeit eine Stäbchenprobe machen.
Nach dem Backen den Boden erkalten lassen, aus der Form lösen und einmal waagerecht in der Mitte durchschneiden.
Den Mürbeteigboden mit Marmelade bestreichen und den ersten Biskuitboden auflegen. Alles mit einem Tortenring von 26 cm Durchmesser und 7 cm Höhe umstellen.

Für die Füllung die Birnen abtropfen, würfeln und auf dem bereits im Ring liegenden Biskuitboden verteilen. Eigelb mit dem Zucker unter ständigem Rühren über dem Wasserbad aufschlagen (bis ca. 75 °C, das Wasser darf nicht kochen). Die Gelatine einweichen, ausdrücken und in der Eigelbmasse auflösen. Den Eierlikör unterrühren und alles gut vermischen. Die Masse zum Abkühlen beiseitestellen. Die Sahne aufschlagen und nach und nach unter die fast erkaltete Eigelbmasse heben. Zuletzt die geraspelte Kuvertüre einrühren. Die Hälfte der Eierlikörfüllung auf dem Biskuitboden verteilen und glatt streichen. Den zweiten Boden auflegen und dann die restliche Eierlikörfüllung daraufgeben und ebenfalls glatt streichen. Die Torte für mindestens 2 Stunden in den Kühlschrank stellen (damit sie Bindung bekommt).

Für den Eierlikörspiegel den Eierlikör mit der weißen Kuvertüre und dem Glukosesirup auf ca. 40 °C erwärmen. Die Gelatine einweichen, ausdrücken und darin unter ständigem Rühren auflösen. Von dieser Mischung 20 g abwiegen und mit der dunklen aufgelösten Kuvertüre verrühren, für die Dekoration. Die Torte aus dem Kühlschrank nehmen, die Eierlikörmasse auf die Oberfläche gießen und gleichmäßig verteilen. Danach eine Gabel in die „dunkle Eierlikörkuvertüre" tunken und als dünne Streifen darübergeben. Die Torte jetzt noch einmal in den Kühlschrank geben, damit der Spiegel fest werden kann, dann den Tortenring vorsichtig entfernen.

Für die Garnierung den Rand der Torte mit gerösteten Kokosraspeln oder gerösteten gehobelten Mandeln einstreuen. Alternativ kann man auch dunkle Schokoladenraspel verwenden. Auf die Oberfläche der Torte mit einem Spritzbeutel mit der Sahne Tupfen dressieren und diese mit Schokoladenraspel leicht bestreuen.

Tipps

- **Anstelle von Birnen** passen auch Pfirsiche, Kirschen, Himbeeren oder Erdbeeren.
- **Glukosesirup kann man gut selber herstellen:** Für 100 g Glukosesirup 65 g Traubenzucker (klein gehackt, gemörsert oder direkt als Pulver gekauft) und 35 ml Wasser in einen Topf geben, kurz aufkochen und abkühlen lassen. Alternativ kann man ihn auch gut in Konditoreien oder Bäckereien bekommen.

ZIMTSTERNTORTE

Backzeit: ca. 15–20 Minuten bei 180 °C **Kühlzeit:** einige Minuten **Backform:** 26er-Springform

Zutaten

Gestartet wird mit den Zimtsternen, die man am besten am Vortag herstellt:

Für die Zimtsterne

100 g Marzipanrohmasse

45 g Eiweiß

125 g Puderzucker

1 TL Zimt, gemahlen

1 Prise Salz

150 g Mandeln, fein gemahlen

Für die Glasur

80 g Puderzucker

15 g Eiweiß

1 Spritzer Zitronensaft

Für den Schokoladenbiskuit

300 g Eier, das entspricht 6 Eiern (Gr. M)

180 g Zucker

120 g Mehl, Typ 550

70 g Speisestärke

25 g Kakaopulver

1 Prise Salz

Der helle Biskuitboden

150 g Eier, das entspricht 3 Eiern (Gr. M)

90 g Zucker

65 g Mehl, Typ 550

45 g Speisestärke

1 Prise Salz

etwas ausgekratztes Mark einer Vanilleschote

Die Johannisbeer-Schokoladencreme (dunkle Cremeschicht unten)

170 g dunkle Schokolade, aufgelöst

70 g Johannisbeersaft

45 g Eigelb

270 g Sahne, aufgeschlagen

Die helle Buttercreme

150 g Ei, das entspricht 3 Eiern (Gr. M)

100 g Zucker

1 Prise Salz

Vanillemark aus der Schote

280 g Butter, Zimmertemperatur

Der Schokoüberzug

150 g Crème fraîche

50 g Zucker

50 g Glucosesirup

Prise Salz

125 g Zartbitterschokolade

50 g Butter

Zubereitung

Für den Zimtsternteig (am besten am Vortag herstellen) die Marzipanrohmasse mit dem Eiweiß geschmeidig arbeiten. Den Puderzucker mit den restlichen Zutaten gründlich mischen und dann mit der Marzipanmasse zu einem glatten Teig verkneten. Den fertigen Teig in eine Frischhaltefolie wickeln und über Nacht in den Kühlschrank legen. Am folgenden Tag den Teig auf einer leicht mit fein gemahlenen Mandeln bedeckten Arbeitsfläche auf ca. 1 cm Stärke ausrollen.

Für die Glasur den Puderzucker mit dem Eiweiß und dem Zitronensaft zu einer stabilen Glasur aufschlagen. Diese dann mit einer Palette dünn auf den ausgerollten Zimtsternteig aufstreichen. Dann mit einem Zimtsternausstecher die Zimtsterne ausstechen und auf ein mit Backpapier belegtes Backblech legen.

Marcels Tipp:
In eine Tasse etwas heißes Wasser geben und einige Tropfen Speiseöl zufügen, umrühren und dann jedes Mal den Ausstecher vor dem Ausstechen darin benetzen. Der Zimtsternteig klebt so nicht am Ausstecher fest und man erhält schön geformte Zimtsterne!

Für den Schokoladenbiskuit die Eier mit dem Zucker und dem Salz zu einer cremigen Masse aufschlagen. Mehl, Speisestärke und Kakaopulver gründlich vermischen und durchsieben. Dann das Mehlgemisch unter die Eiermasse heben und alles zu einem glatten Biskuit verrühren. Die fertige Biskuitmasse in eine gefettete Springform füllen und bei 180 °C Ober-/ Unterhitze im vorgeheizten Backofen für ca. 25 Minuten backen. Gegen Ende der Backzeit empfiehlt sich eine Stäbchenprobe. Den fertigen Biskuitboden auskühlen lassen und dann einmal waagerecht durchschneiden.

Der helle Biskuitboden: Der Herstellungsweg ist identisch mit dem des Schokoladenbiskuitbodens. Der fertige Biskuitteig wird in die Backform eingefüllt, glatt gestrichen und gebacken. Da der Boden dünner ist und nach dem Backen nicht durchgeschnitten wird, verkürzt sich die Backzeit auf 10–12 Minuten! Nach dem Backen den Boden auskühlen lassen und dann aus der Form herauslösen.

Für die Johannisbeer-Schokoladencreme (dunkle Cremeschicht unten) das Eigelb mit dem Johannisbeersaft zunächst auf 70 °C unter ständigem Rühren erwärmen. Dann diese Eicreme in der Küchenmaschine weiterschlagen, bis sie vollständig kalt geschlagen ist! Nun die aufgelöste Schokolade zugeben und glatt rühren. Danach die aufgeschlagene Sahne vorsichtig unterheben, bis eine glatte Creme entstanden ist.
In einen Tortenring von 26 cm Durchmesser und 7 cm Höhe nun den ersten Schokoladenbiskuitboden einlegen und darauf die gebackenen Zimtsterne verteilen. Dabei 14 Zimtsterne für die Stückdekoration auf der Torte beiseitelegen! Die fertige Schokoladen-creme auf den Zimtsternen verteilen und glatt streichen. Darauf den hellen Biskuitboden legen und leicht andrücken. Nun den Tortenring mit der Füllung in den Kühlschrank stellen.

Für die helle Buttercreme die Eier mit dem Zucker und den Gewürzen auf 40 °C unter ständigem Rühren erwärmen. Dann in der Küchenmaschine zu einer cremigen Masse kalt schlagen. Die Butter cremig aufschlagen und dann die kühle Eiermasse nach und nach vorsichtig dazugeben und mit der Butter zu einer glatten Creme verrühren. Die halb eingesetzte Torte aus dem Kühlschrank nehmen und zwei Drittel der Buttercreme auf den hellen Biskuitboden geben und glatt streichen. Dann den zweiten Schokoladenboden auflegen und leicht andrücken. Eine dünne Cremeschicht auf diesen Boden streichen und die Torte wieder in den Kühlschrank stellen. Nach circa 15 Minuten die Torte herausnehmen und den Tortenring entfernen. Nun auch den Rand dünn einstreichen und die Torte nochmals kühlen. Sie ist nun für den schokoladigen Überzug fertig!

Für den Schokoüberzug die Crème fraîche mit dem Zucker und dem Glucosesirup aufkochen und vom Herd nehmen. Dann die Zartbitterschokolade zufügen und die Masse unter Rühren auf 35 °C abkühlen lassen. Nun die Butter zufügen und alles zusammen zu einer glatten und geschmeidigen Überzugsmasse verrühren. Die eingesetzte Torte aus dem Kühlschrank nehmen, auf ein Gitter setzen und mit der Überzugsmasse schön glatt überziehen. Den Rand der Torte dann direkt mit gerösteten gehobelten Mandeln oder mit Krokant absetzen. Den Überzug anziehen lassen und dann auf der Oberfläche mit etwas Buttercreme 14 kleine Rosetten aufspritzen. An die Rosetten jeweils einen Zimtstern zur Dekoration anlegen.

TORTA CAPRESE

Backzeit: 40 Minuten bei 170 °C **Kühlzeit:** einige Minuten **Backform:** 26er-Springform

Zutaten

170 g Butter (Zimmertemperatur)

5 Eier

200 g Mandeln, gerieben

100 g Mandeln, gehackt

170 g Zucker

200 g Schokoladenraspel

etwas Fett und Semmelbrösel
für die Springform

2 EL Puderzucker

Zubereitung

Die Springform leicht einfetten und mit
Semmelbröseln ausschwenken. Die Eier trennen und
das Eiweiß zu Eischnee aufschlagen. Butter, Eigelb
und Zucker aufschlagen. Die Mandeln alle in einer
Pfanne leicht anrösten. Schokoladenraspel und
Mandeln unter die Eigelbmasse geben und zum
Schluss den Eischnee unterheben. Den Teig in die
Springform geben und im vorgeheizten Backofen bei
170 °C Ober-/Unterhitze circa 40 Minuten backen.
Den Kuchen eventuell die letzten 10 Minuten mit
Alufolie abdecken, damit die Oberfläche nicht zu
schwarz wird. (Stäbchenprobe machen: Es sollte
noch etwas Teig hängenbleiben, da der Kuchen
innen noch etwas feucht bleiben sollte.)
Den Kuchen etwas (!) auskühlen lassen und dann
mit Puderzucker bestreuen.

Tipps

• Gegessen wird der Kuchen traditionell ofenwarm –
mit einer Kugel Vanilleeis (nicht mit Sahne).
• Übrig gebliebener Kuchen kann am nächsten Tag kurz
im Ofen wieder aufgewärmt werden.

Als Variation kann man auf den fertigen Kuchen auf jedes
Stück eine Birnenhälfte (abgetropft aus der Dose) legen
und diese mit etwas Espresso glasieren. Hierfür 1 Tasse
Espresso und 1 EL Honig aufkochen und etwas
einreduzieren lassen.

SCHWEDISCHE MANDELTORTE

Backzeit: ca. 18–20 Minuten bei 200 °C **Kühlzeit:** einige Minuten **Backform:** 26er-Springform

Zutaten

8 Eier

200 ml Schlagsahne

400 g Zucker

150 g Butter

200 g Mandeln, gemahlen

100 g Mandelplättchen

Zubereitung

Die Eier trennen. Sahne mit 200 g Zucker in einem Topf aufkochen, etwas abkühlen lassen und das Eigelb unterrühren. Bei schwacher Hitze ein paar Minuten erhitzen, bis eine dickflüssige Creme entsteht. Diese auskühlen lassen.

Für den ersten Boden die Hälfte des Eiweiß steif schlagen und 100 g Zucker und 100 g gemahlene Mandeln unterheben. Alles in eine gefettete Springform füllen und im vorgeheizten Backofen bei 200 °C Umluft circa 18–20 Minuten backen. Vorsichtig aus der Form lösen und auskühlen lassen. Das Ganze für einen zweiten Tortenboden wiederholen.

Die Mandelblättchen in einer Pfanne rösten. Die Butter cremig rühren und die Eiercreme unter die Butter heben.

Ein Drittel der Creme auf dem ersten Boden verteilen, den zweiten Boden daraufsetzen und die restliche Creme darüber verstreichen. Die gerösteten Mandelplättchen darüber verstreuen und den Kuchen bis zum Verzehr kalt stellen.

SCHWARZWÄLDER KIRSCHTORTE

Backzeit: ca. 30–35 Minuten bei 190 °C **Kühlzeit:** einige Minuten **Backform:** 26er-Springform

Zutaten

Für den Biskuitboden

7 Eier (Gr. M)

250 g Zucker

150 g Weizenmehl

50 g Speisestärke

50 g Kakaopulver

60 g Butter, flüssig

ausgekratztes Mark aus
½ Vanilleschote

1 Prise Salz

1 fertiger Mürbeteigboden
(selbst gebacken oder gekauft)

etwas Marmelade nach Belieben

Für die Tränke

100 g Zucker

100 ml Wasser

60 ml Kirschwasser oder
Kirschlikör

Für die Kirschfüllung

1 Glas Sauerkirschen (850 ml/
Abtropfgewicht ca. 450 g)

50 g Zucker

30 g Speisestärke

1 Msp. Zimt, gemahlen

ausgekratztes Mark aus ½ Vanilleschote

etwas Wasser zum Anrühren der
Speisestärke

Für die Sahnefüllung

750 ml Sahne, aufgeschlagen

50 g Zucker

70 ml Kirschwasser

5 Blatt Gelatine

Für die Dekoration

400 ml Sahne

½ – 1 Pck. Sahnesteif

dunkle Kuvertüre, geraspelt

1 kleines Glas Kaiserkirschen
(alternativ frische Kirschen)

Zubereitung

Für den Biskuitboden die Eier mit Zucker, Vanillemark und Salz in einer Küchenmaschine oder mit einem Handrührgerät sehr cremig aufschlagen. Mehl mit der Stärke und dem Kakaopulver gründlich mischen, sieben und vorsichtig unter die Eiermasse heben. Zuletzt die verflüssigte Butter unter die Masse ziehen. Den fertigen Biskuitteig in einen mit Backpapier ausgeschlagenen Tortenring von 26 cm Durchmesser und 5 cm Höhe geben (alternativ ist auch eine Springform möglich) und im vorgeheizten Backofen bei 190 °C Ober-/Unterhitze circa 30–35 Minuten backen. Gegen Ende der Backzeit eine Stäbchenprobe machen. Nach dem Backen den Boden auskühlen lassen und dann zweimal waagerecht durchschneiden. Den Mürbeteigboden mit etwas Marmelade bestreichen und mit einem Tortenring umstellen, der die gleiche Größe wie der für den Biskuitboden hat. Den Mürbeteigboden mit dem ersten geschnittenen Biskuitboden belegen.

Für die Tränke Zucker und Wasser in einem Topf zusammen aufkochen und kurz abkühlen lassen. Kirschwasser oder Likör unterrühren und mit der Tränke die Biskuitböden mithilfe eines Pinsels dünn bestreichen. So wird der Biskuit schön saftig.

Für die Kirschfüllung die Kirschen in ein Sieb geben, abtropfen lassen und den Saft auffangen. Den Kirschsaft in einem Topf mit Zucker, Zimt und Vanillemark aufkochen. Die Stärke mit etwas Wasser anrühren, unter den erhitzten Kirschsaft geben und damit abbinden. Die Kirschen zufügen, gut untermischen, abkühlen lassen und auf dem ersten Biskuitboden im Ring verteilen.

Für die Sahnefüllung die Gelatine in kaltem Wasser einweichen, gut ausdrücken und in einem Topf unter ständigem Rühren erwärmen, bis sie sich auflöst. Die aufgeschlagene Sahne mit Zucker und Kirschwasser verrühren. Anschließend die Gelatine in feinem Strahl unterziehen. Einen Teil der Sahnefüllung auf die Kirschen geben und glatt streichen. Den zweiten getränkten Biskuitboden auflegen, mit einer Schicht Sahne befüllen und glatt streichen. Den dritten getränkten Biskuitboden darüberlegen, die restliche Sahne darauf verstreichen und die Torte mindesten 45 Minuten in den Kühlschrank geben.

Für die Dekoration die gekühlte Torte herausnehmen und den Ring entfernen. Die Sahne mit etwas Sahnesteif aufschlagen und die Torte oben und an der Seite mit Sahne einstreichen. Anschließend mit geraspelter Kuvertüre komplett oben und an den Seiten bestreuen. Auf die Oberfläche mithilfe eines Spritzbeutels mit der restlichen Sahne Tupfen aufspritzen und auf jeden Sahnetupfen eine helle Kaiserkirsche aus dem Glas oder alternativ frische Kirschen legen.

Tipp Wenn man Kirschen mit Stein verwendet, behalten diese eine bessere Form.

LIMETTENTRAUM

Backzeit: ca. 30 Minuten bei 200 °C **Kühlzeit:** einige Minuten **Backform:** 26er-Springform

Zutaten

Für die Biskuitmasse

6 Eier

150 g Zucker

1 Pck. Vanillezucker

50 g Stärke

100 g Mehl

50 g weiche Butter

1 Pck. Backpulver

Für die Limettencreme

250 g Mascarpone

250 g Magerquark

100 g Zucker

400 ml Sahne

2 Bio-Limetten

2 Pck. Sahnesteif

Fertigstellung

1 Glas Limettenkonfitüre, 300g, alternativ Zitronenkonfitüre

40 g Zitronenmelisse, klein gehackt

1 Limette, frisch

50 g Pistazien, gehackt

Zubereitung

Für die Biskuitmasse die Zutaten in der nebenstehenden Reihenfolge in eine Schüssel geben und mit einer Küchenmaschine mit Schneebesenaufsatz oder einem Handrührgerät zu einem gleichmäßigen Teig vermengen.
Den Teig in die mit Backpapier ausgekleidete Springform geben und im vorgeheizten Backofen circa 30 Minuten bei 200 °C Umluft backen. Den Biskuitboden in der Form auskühlen lassen, aus der Form lösen und zweimal waagerecht durchschneiden, sodass man drei Böden erhält.

Für die Limettencreme Mascarpone, Quark und Zucker mischen, die Sahne mit Sahnesteif aufschlagen und unter die Mascarpone-Quarkmasse heben. Die Schale von 2 Limetten runterreiben und in die Quarkmasse geben. Anschließend die 2 Limetten auspressen und den Saft ebenfalls unter die Quarkmasse geben.

Tipp

Um die Limettenschale runterzureiben, eine Kartoffelreibe mit Frischhaltefolie belegen und darauf die Limettenschale abreiben. Die Folie abziehen und den Limettenabrieb verlustfrei von der Folie aufnehmen.

Fertigstellung: Den unteren und mittleren Teigboden mit Limettenkonfitüre bestreichen und dünn mit einem Teil der gehackten Zitronenmelisse bestreuen. Etwa ein Drittel der Limettencreme auf den unteren Boden verteilen und glatt streichen. Den zweiten Teigboden darauflegen, wieder Creme daraufgeben und glatt streichen. Jetzt den dritten Teigboden auflegen und mit der restlichen Creme den Boden bedecken und die Torte am Rand einstreichen. Nun die Torte nach Belieben mit Limettenstückchen oder -scheiben, den gehackten Pistazien und der restlichen Zitronenmelisse dekorieren. Die fertige Torte bis zum Servieren im Kühlschrank lagern, so bleibt sie schön kühl und frisch.

Marcels Tipp:
Sehr schön sehen auch Tupfen aus frischer Schlagsahne oder Creme aus, die man als Dekoration aufdressieren kann. Diese Tupfen kann man dann wie vorher beschrieben mitdekorieren.

HERDECKER BRATAPFELTORTE

Backzeit: ca. 40–45 Minuten bei 160–170 °C **Kühlzeit:** einige Minuten **Backform:** 26er-Springform

Zutaten

Für den Mürbeteig

300 g Mehl, Typ 405

150 g Zucker

100 g Butter

2 Pck. Vanillezucker

1 Prise Salz

2 Eier

Für den Belag

4–6 mittelgroße Äpfel
(z. B. Elstar)

nach Belieben Mandeln,
Nussmix, Zimt,
Vanillezucker

Für den Sahne-Vanille-Pudding

4 Becher (à 200 ml)
süße Sahne

ca. 1,5 Pck. Vanille-
puddingpulver

2 Pck. Vanillezucker

100 g Zucker

evtl. 1 Eigelb

Zubereitung

Für den Mürbeteig die Zutaten alle in eine Schüssel geben und daraus mithilfe eines Handrührgerätes mit Knethaken einen Mürbeteig kneten. Den Teig in Frischhaltefolie wickeln und für circa 30 Minuten in den Kühlschrank geben. Anschließend den Teig halbieren, mit der einen Hälfte den Boden der Springform auslegen und mit dem Rest durch Drücken des Teiges die Springform komplett bis mindestens Randhöhe mit dem Teig auskleiden. Alternativ kann man den Teig auch vorher ausrollen und die Form dann mit dem Teig auskleiden.

Für den Belag die Äpfel schälen, das Kerngehäuse ausstechen, auf der Unterseite der Äpfel eine Scheibe abschneiden, sodass sie Stand haben und alle auf ungefähr einer Höhe sind. Die Äpfel mit den Schnittflächen nach unten auf den Teigboden legen. Die abgeschnittenen Apfelscheiben nach Belieben dazwischenlegen. Die ausgehöhlten Äpfel und auch die Zwischenräume nach Belieben mit Mandeln oder anderen Nüssen, Zimt, Vanillezucker o. Ä. füllen.

Für den Sahne-Vanille-Pudding alle Zutaten in eine mikrowellenbeständige Schüssel geben, mit dem Schneebesen verrühren, anschließend in der Mikrowelle kochen bzw. immer wieder einige Minuten in die Mikrowelle (600 Watt) stellen, wieder herausnehmen und verrühren, bis eine cremige Masse entstanden ist. Alternativ kann man den Pudding auch in einem Topf zubereiten. Wichtig ist, dass er zum Schluss eine dickflüssige Konsistenz hat.
Die Masse dann über die gefüllten Äpfel gießen, bis circa 1 cm unter das Teigende, das Teigende am Rand leicht umklappen und die Torte im vorgeheizten Backofen, circa 40–45 Minuten bei 160–170 °C Umluft backen.
Danach die Torte aus dem Ofen nehmen und sofort den Teigrand mit einem scharfen Messer von der Form lösen. Die Torte abkühlen lassen und dann aus der Form lösen.

SPEZIELLER OBSTBODEN

Backzeit: ca. 30 Minuten bei 175 °C **Kühlzeit:** einige Minuten **Backform:** 26er-Springform

Zutaten

Für den Teig

4 Eier

4 EL Wasser

125 g Zucker

1 Pck. Vanillezucker

150 g Mehl

1 Msp. Backpulver

Für die Füllung

200 g Marzipan-Rohmasse

200 g Aprikosen- oder Pfirsichmarmelade

3 cl Orangenlikör, Rum oder Weinbrand

1 kl. Dose Obstsalat

beliebiges Obst
(z. B. helle oder dunkle Trauben, dicke Kiwischeiben, Bananen o. Ä.)

1 Pck. heller Tortenguss

ca. 50 g Mandeln, gehobelt

Zubereitung

Eier, Wasser, Zucker und Vanillezucker mit einem Handrührgerät schaumig rühren. Mehl und Backpulver zufügen. Die Springform fetten und den Teig hineingeben. Im vorgeheizten Backofen circa 30 Minuten bei 175 °C Ober-/Unterhitze backen.

Den Boden auskühlen lassen und einmal quer durchschneiden. Marzipan mit Marmelade und Likör, Rum oder Weinbrand zu einer cremigen Masse verrühren. Den unteren Tortenboden in eine Springform oder einen Tortenring einlegen und mit zwei Drittel der Marzipanmasse bestreichen. Den Obstsalat gut abtropfen lassen und den Saft auffangen. Den zweiten Boden reichlich mit Obstsalat und weiterem Obst nach Wahl dekorativ belegen. Den Tortenguss mit dem aufgefangenen Saft des Obstsalates zubereiten, gleichmäßig auf dem Obst verteilen und abkühlen bzw. fest werden lassen. Den Kuchen aus der Form lösen und rundum vorsichtig mit der restlichen Marzipanmasse einstreichen und die Mandeln andrücken.

Tipps

- Dazu passt gut Schlagsahne. Die Marmeladen lassen sich je nach Geschmack auch gut variieren.
- Wer **keinen Alkohol in der Füllung** haben möchte, kann ihn gut durch Läuterzucker ersetzen. Hierfür Wasser und Zucker im Verhältnis 1:1 aufkochen, circa 1–2 Minuten kochen und dann abkühlen lassen.

DONAUWELLE

Backzeit: 20–30 Minuten bei 200 °C **Kühlzeit:** einige Minuten **Backform:** 28er-Springform

Zutaten

Für den Teig

1–1 ½ große Gläser Sauerkirschen
(alternativ Süßkirschen)

200 g Butter

1 Pck. Vanillezucker

200 g Zucker

5 Eier

300 g Mehl

30 g Speisestärke

3 gestr. TL Backpulver

1 EL Zucker

3 EL Kakaopulver

2–3 EL Milch

Für den Belag

800–1000 ml Sahne

3–4 Pck. Sahnesteif

3–4 Pck. Vanillezucker

50 g Kokosfett

1 Tafel Vollmilch

je 100 g Zartbitter- und
Vollmilchschokolade

Zubereitung

Für den Rührteig die Butter mit Zucker und Vanillezucker schaumig aufschlagen und nacheinander die Eier unterrühren. Das Mehl mit Backpulver und Speisestärke vermengen und ebenfalls unterrühren. Zwei Drittel des Teiges auf ein gefettetes oder mit Backpapier ausgelegtes Backblech streichen. Unter den restlichen Teig 1 EL Zucker, Kakaopulver und Milch rühren und diesen auf den hellen Teig streichen. Die Kirschen abtropfen lassen und in einem Abstand von circa 2–3 cm reihenweise auf den Teig geben. Die Donauwelle im vorgeheizten Backofen bei 200 °C Umluft ca. 20–30 Minuten backen.

> **Marcels Tipp:**
> Wer mag, kann die beiden Teigschichten, bevor die Kirschen darauf kommen, mit einer Gabel wellenartig untereinanderziehen.

Für den Belag die Sahne mit Sahnesteif und Vanillezucker steif schlagen und auf den ausgekühlten Kuchen streichen. Kokosfett, Vollmilch- und Zartbitterschokolade in einem Topf schmelzen. So weit abkühlen lassen, bis die Mischung nur noch lauwarm ist, mit einem Löffel über die Sahne laufen lassen und mit einer Kuchenpalette vorsichtig verstreichen.

Tipps

- Man kann die Donauwelle auch gut mit einer Buttercreme oder einem Schokoladenguss bestreichen.
- **Zum Schneiden** der Donauwelle das Messer vorher in ein hohes Gefäß mit warmen Wasser geben, dann bricht die Schokolade beim Schneiden nicht.

GEDECKTER APFELKUCHEN

Backzeit: ca. 20–30 Minuten bei 200 °C **Kühlzeit:** einige Minuten **Backform:** 26er-Springform

Zutaten

Für den Mürbeteig

300 g Mehl

200 g Butter

100 g Zucker

2 TL Backpulver

1 Prise Salz

1 Päckchen Vanillezucker

1 Ei

Für die Füllung

2 kg Äpfel
(z. B. Gravensteiner,
Boskoop, Elstar)

100 g Zucker

50 g Rosinen

½ halber TL Zimt

nach Belieben etwas
Rumaroma oder Rum
(kann man auch
weglassen)

Fertigstellung

1 Eigelb

1 EL Milch

Zubereitung

Für den Mürbeteig alle Teigzutaten mit der Hand gut miteinander verkneten, den Teig in Frischhaltefolie wickeln und eine halbe Stunde kalt stellen. Die Springform einfetten, die Hälfte des Teiges ausrollen und als Boden in die Springform geben. Den Teigboden circa 15–20 Minuten bei 200 °C Ober-/Unterhitze vorbacken und abkühlen lassen.

Für die Füllung die Äpfel schälen und würfeln. Apfelwürfel mit Zucker, Rosinen, Zimt und eventuell etwas Rum oder Rumaroma in einen Topf geben und circa 10 Minuten dünsten (sie sollten nicht zu weich, sondern noch leicht „stückig" sein) und abkühlen lassen.
Den übrigen Teig zwischen zwei Frischhaltefolien legen und im Durchmesser der Springform dünn ausrollen.
Aus dem restlichen Teig eine Rolle formen und diese als Rand rundum in die Seiten der Springform drücken. Die Apfelfüllung in die Springform geben und die Teigplatte aufsetzen

Tipp
Es geht besser, wenn man die Teigplatte kurz ins Gefrierfach gibt.

Fertigstellung: Eigelb und Milch mischen, die Teigplatte damit bestreichen, mehrmals mit einer Gabel oben einstechen und bei circa 200 °C Ober-/Unterhitze 20–30 Minuten backen. Den Kuchen gut in der Form auskühlen lassen.
Dazu passt sehr gut Schlagsahne.

HIMBEER-PUDDINGKUCHEN

Backzeit: ca. 25–30 Minuten bei 180 °C **Kühlzeit:** einige Minuten **Backform:** 26er-Springform

Zutaten

Für den Mürbeteigboden

300 g Mehl

200 g Butter

100 g Zucker
(alternativ Puderzucker)

1 Eigelb

Für den Biskuitboden

150 g Mehl

100 g Zucker

2 TL Backpulver

3 Eier

1 Prise Salz

1 Spritzer Zitronensaft

etwas Himbeermarmelade

Für die Füllung und Verzierung

800 ml Sahne

400 ml Schmand

2 Pck. Vanillepuddingpulver

3 Pck. Vanillezucker

750 g Himbeeren (alternativ
gehen auch tiefgefrorene)

ca. ¼ l Himbeersirup

100 g weiße Kuvertüre

1 Pck. Gelatine, gemahlen

1 Pck. gehackte Pistazien

1 Pck. Tortenguss, rot

Zubereitung

Für den Mürbeteigboden alle Zutaten in eine Rührschüssel geben und mit dem Knethaken des Handmixers zu einem festen Teig kneten. Den Teig in Frischhaltefolie wickeln und für ein bis zwei Stunden in den Kühlschrank legen. Danach den Teig ausrollen und in eine mit Backpapier ausgelegte Springform legen. Im vorgeheizten Backofen bei 200 °C Umluft circa 20–25 Minuten backen.

Für den Biskuitboden die Eier trennen und das Eiweiß mit einem Spritzer Zitrone mit einem Handrührgerät steif schlagen. Danach den Zucker und dann die drei Eigelb unterrühren. Das Mehl mit dem Backpulver vermischen und vorsichtig unter die Eimasse heben. Die Masse in eine mit Backpapier ausgelegte Springform geben und im vorgeheizten Backofen bei 180 °C Umluft circa 25–30 Minuten backen. Nach dem Abkühlen den Boden einmal waagerecht durchschneiden. Den Mürbeteigboden mit Himbeermarmelade bestreichen, mit einem Tortenring umstellen und den ersten Biskuitboden darauflegen und andrücken.

Für die Füllung und Verzierung die Himbeeren putzen oder alternativ auftauen und abtropfen lassen. Den aufgefangenen Saft (bei Verwendung von tiefgekühlten Himbeeren) mit Himbeersirup auf ¼ Liter auffüllen, ansonsten den kompletten Himbeersirup verwenden. Den roten Tortenguss nach Packungsanleitung mit dem Himbeersirup fertigstellen. Die Himbeeren auf dem Biskuitboden verteilen (einige Himbeeren, am besten frische, für die Dekoration zurückhalten). Den Tortenguss darübergeben und abkühlen lassen. 600 ml Sahne mit dem Vanillepuddingpulver und zwei Päckchen Vanillezucker drei Minuten auf höchster Stufe mit dem Handrührgerät steif schlagen. Danach den Schmand mit dem Handrührgerät gut unterrühren. Die Puddingmasse auf die erkalteten Himbeeren geben. Etwas Puddingmasse zum Bestreichen zurückhalten. Den zweiten Biskuitboden auf die Puddingmasse legen und den Kuchen für circa eine Stunde im Kühlschrank fest werden lassen. Den Kuchen aus der Springform nehmen. Dann seitlich und oben mit der restlichen Puddingmasse bestreichen. Die restlichen 200 ml Sahne mit einem Päckchen Vanillezucker und dem Päckchen gemahlener Gelatine steif aufschlagen. Die Sahnemasse in einen Spritzbeutel geben und Rosetten auf den Rand des Kuchens spritzen. Die weiße Kuvertüre raspeln und in der Mitte und auf der Seite verteilen. Einige Pistazien zwischen den Sahnetupfern verstreuen. Die zurückgehaltenen Himbeeren auf die Sahnetupfer legen.

APFEL-WEIN-KUCHEN

Backzeit: ca. 1 ½ Stunden bei 160–170 °C **Kühlzeit:** einige Minuten **Backform:** 26er-Springform

Zutaten

Für den Mürbeteig

70 g Butter, kalt

70 g Zucker

1 Ei

200 g Mehl

1 TL Backpulver

Für die Füllung

1 Flasche Weißwein
(halbtrocken)

2 Pck. Vanillepudding-
pulver

1 EL Maisstärke

200 g Zucker

1 kg Äpfel
(z. B. Boskoop)

Fertigstellung

ca. 400 ml Sahne

2 Pck. Vanillezucker

1 Pck. Sahnesteif

Zimt oder
Schokoladenraspel
nach Belieben

Zubereitung

Für den Mürbeteig alle Teigzutaten in eine Schüssel geben, zuerst mit einem Handrührgerät mit Knethaken und dann mit der Hand gut verkneten. Den Teig in Frischhaltefolie wickeln und circa 20 Minuten kühlen. Die Springform an den Seiten leicht einfetten und den Boden mit Backpapier belegen. Den Teig teilen in circa ein und zwei Drittel, die größere Teigmenge in die Mitte der Springform geben und den Teig durch Drücken gleichmäßig verteilen, bis der komplette Boden bedeckt ist. Alternativ den Teig auf den Durchmesser der Springform ausrollen und diese damit auslegen. Den restlichen Teig zu einer schmalen Rolle formen, um den Rand des Teigbodens legen und an den Seiten komplett hochdrücken bzw. hochziehen.

Für die Füllung die Äpfel schälen, entkernen, mit einer Reibe grob raspeln. Weißwein, Puddingpulver, Maisstärke und Zucker in einen Topf geben und zu einem Pudding aufkochen. Die Äpfel in den noch warmen Pudding rühren. Alles in die mit Teig ausgelegte Springform geben und im vorgeheizten Backofen bei 160–170 °C Umluft circa 1 ½ Stunden backen. Den Kuchen aus dem Ofen nehmen und in der Springform gut abkühlen lassen.

Fertigstellung: Sahne und Vanillezucker mit Sahnesteif steif aufschlagen und den gut ausgekühlten Kuchen damit auffüllen. Mit einem Hauch von Zimt oder Schokoladenraspel garnieren.

> **Marcels Tipps:**
> • Für eine **alkoholfreie Variante** des Kuchens kann man anstelle des Weins Traubensaft verwenden und je nach Süße des Saftes den Zucker etwas reduzieren.
> • **Als Garnitur** passen gut „Apfelchips". Hierfür Äpfel (Boskoop o. Ä.) mit Schale in dünne Scheiben oder Spalten schneiden, mit etwas Zitronensaft beträufeln, mit ein bisschen Puderzucker bestreuen und bei etwa 50 °C circa 90 Minuten im Backofen trocknen.

RHABARBERKUCHEN

Backzeit: ca. 15 und 35 Minuten bei 180 °C **Kühlzeit:** einige Minuten **Backform:** 26er-Springform

Zutaten

Für den Teig

100 g Butter

80 g Zucker

1 Pck. Vanillezucker

2 Eier

75 g Schmand

180 g Mehl

1 TL Backpulver, gehäuft

Für die Creme

1 Pck. Vanillepuddingpulver

40 g Zucker

375 ml Milch

125 g Schmand

Für den Belag

Rhabarber, geschält (ca. 700 g)

etwas Zucker

Für die Streusel

200 g Mehl

100 g Zucker

1 Pck. Vanillezucker

150 g kalte Butter

Zimt nach Geschmack

Puderzucker zum Bestäuben

Zubereitung

Für den Teig die Zutaten mit einem Handrührgerät zu einem Rührteig verrühren und in eine gefettete Springform füllen. Bei 180 °C Ober-/Unterhitze im vorgeheizten Backofen circa 15 Minuten vorbacken.

Für den Belag den Rhabarber schälen und in kleine Stücke (ca. 1 cm) schneiden, in eine Schüssel geben, anschließend zuckern, mit circa 3 EL Zucker, sodass alle Stücke bestreut sind, umrühren, noch mal mit etwas Zucker bestreuen und circa eine halbe Stunde ziehen lassen. Danach in einem Sieb abtropfen lassen.

Für die Streusel die Zutaten gründlich verkneten.

Für die Creme das Puddingpulver mit dem Zucker und der Milch aufkochen und unter ständigem Rühren etwas abkühlen lassen. Den Schmand unterrühren und auf dem vorgebackenen Boden verteilen. Darauf die Rhabarberstücke verteilen und die Streusel darüberstreuen. Den Kuchen bei 180 °C Ober-/Unterhitze circa 35 Minuten fertig backen. In der Form auskühlen lassen und zum Schluss nach Belieben mit Puderzucker bestäuben.

> **Marcels Tipp:**
> Wer ungezuckerten Rhabarber verwenden möchte, kann den Rhabarber schälen, in Stücke schneiden, auf ein mit Backpapier belegtes Backblech legen und im vorgeheizten Backofen bei 180°C Ober-/Unterhitze circa 20 Minuten „dünsten". Zum Schluss eine Fingerdruckprobe machen.

HASELNUSS-PRALINENTORTE

Backzeit: ca. 30 Minuten bei 180 °C **Kühlzeit:** einige Minuten **Backform:** 26er–Springform

Zutaten

Für den Teig

150 g Butter

150 g Zucker

1 Pck. Vanillezucker

4 Eier

200 g Haselnüsse, gemahlen

1 TL Backpulver

Für die Füllung

ca. 200 g Haselnuss-Nougatpralinen (je nach Größe ca. 16 Stück)

700 ml Sahne

1 Pck. Sahnesteif

Zubereitung

Für den Teig Butter, Zucker, Vanillezucker, Eier, Haselnüsse und Backpulver in einer Küchenmaschine nach und nach gut verrühren. Den Teig in eine eingefettete Springform geben und im vorgeheizten Backofen bei 180 °C Umluft circa 30 Minuten backen, aus dem Ofen nehmen und abkühlen lassen.

Für die Füllung von den Haselnuss-pralinen 6–8 je nach gewünschter Tortenstückgröße zur Dekoration beiseite-legen und die restlichen Haselnusspralinen fein hacken. Die Sahne mit Sahnesteif aufschlagen und circa 500 g der Sahne mit den feingehackten Haselnusspralinen vermengen.

Den Teigboden längs durchschneiden und die Füllung daraufgeben. Den zweiten Teigboden daraufsetzen, mit der restlichen Sahne bestreichen, mit Sahnetupfern verzieren und mit den zurückgelegten halbierten Haselnusspralinen dekorieren.

TORTA CON CREMA PASTICCERA

Backzeit: ca. 30 Minuten bei 200 °C **Kühlzeit:** einige Minuten **Backform:** 26er-Springform

Zutaten

Für den Biskuitteig

125 g Mehl

50 g Weizen-Speisestärke

1 Msp. Backpulver

5 Eier

1 Prise Salz

20 g Puderzucker

5 EL heißes Wasser

130 g Zucker

1 Pck. Vanillezucker

Für die helle Crema Pasticcera

500 ml Vollmilch

2 Eigelb

55 g Mehl, Typ 405

10 g Weizen-Speisestärke

90 g Zucker

1 Pck. Vanillezucker (alternativ das ausgekratzte Mark einer Vanilleschote)

1 walnussgroßes Stück Butter (lässt die Creme glänzen)

Für die dunkle Crema Pasticcera

500 ml Vollmilch

2 Eigelb

55 g Mehl, Typ 405

10 g Weizen-Speisestärke

90 g Zucker

1 Pck. Vanillezucker (alternativ das ausgekratzte Mark einer Vanilleschote)

1 walnussgroßes Stück Butter (lässt die Creme glänzen)

1 geh. EL Kakaopulver (ungesüßt)

Für die Tränke

Amaretto, Vermouth oder einen Kräuterlikör (z.B. Alchermes oder Strega)

Für die Verzierung

300-500 ml Sahne

Mandarinen oder andere Früchte

Mandelblättchen nach Belieben

Zubereitung

Für den Biskuitteig die Springform leicht einfetten und mit Backpapier auskleiden. Mehl, Speisestärke und Backpulver vermengen. Den Puderzucker sieben. Die Eier trennen und das Eiweiß mit 1 Prise Salz mit einem Handrührgerät aufschlagen. Puderzucker dazugeben und alles zu einem steifen Eischnee aufschlagen und kalt stellen. Wasser und Eigelb mit einem Handrührgerät schaumig aufschlagen, Zucker und Vanillezucker dazugeben und weiter cremig aufschlagen. Die Eigelbmasse auf den Eischnee geben und die Mehlmischung darübersieben. Alles mit einem großen Schneebesen vorsichtig unterheben. Den Teig in die Springform geben und im vorgeheizten Backofen bei 175 °C circa. 20–25 Minuten backen.

Für die helle Crema Pasticcera etwa ein Drittel der Milch in einen Topf geben und alle weiteren Zutaten dazugeben. Alles mit einem Schneebesen glatt rühren und die restliche Milch untermengen. Alles aufkochen, bis der Flammeri (die Puddingcreme) abgebunden hat. In eine Schüssel füllen, mit Klarsichtfolie abdecken und circa 30 Minuten kalt stellen.

Die dunkle Creme ebenso zubereiten.

Die Tränke für den unteren und mittleren Biskuitboden kann aus Amaretto, Vermouth oder Alchermes (Kräuterlikör aus Florenz) oder Strega (italienischer Kräuterlikör aus über 30 Kräutern) bestehen. Strega ist sehr zu empfehlen. Wenn man auf Alkohol verzichten möchte, kann man die Böden mit kaltem Espresso befeuchten. Den Likör (alternativ Espresso) am besten in eine Sprühflasche füllen, damit er fein nebelig aufgesprüht werden kann. (Alternativ kann man die Böden auch mit einem Backpinsel leicht befeuchten.)

Fertigstellung

Den Biskuitboden am besten am folgenden Tag (dann ist er fester) zweimal waagerecht durchschneiden. Den ersten Biskuitboden in einen Tortenring spannen und mit dem Likör einsprühen, bis eine leichte Feuchte entstanden ist. Die dunkle Creme einfüllen und glatt streichen. Den zweiten Biskuitboden auf die dunkle Creme setzen und ebenfalls mit dem Likör befeuchten. Mit der hellen Creme auffüllen und glatt streichen. Dann den letzten Biskuitboden als Deckel auf die Torte setzen. Die Torte am besten über Nacht kalt stellen. So kann der Likör gut durchziehen.
Die Torte am nächsten Tag aus dem Tortenring nehmen. Für die Ummantelung der Torte und je nach Verzierung circa 300–500 ml Schlagsahne (32 %ig) aufschlagen. Die Torte damit komplett einstreichen und nach Belieben verzieren.

Tipps

- Die restliche Sahne in einen Spritzbeutel mit Tülle nach Wahl füllen und die Torte damit verzieren.
- Die Torte kann man gut mit Fruchtstücken, wie z. B. Mandarinen aus der Dose, garnieren. Wer mag, kann diese auch mit in die helle Creme einbacken.
- Die Torte kann nach Wunsch zusätzlich mit Zuckerblüten garniert werden.
- Auf Sizilien wird häufiger auch vegane Sahne zum Einstreichen verwendet, da sie bei Hitze eine längere Beständigkeit/Haltbarkeit hat.
- Wer es alkoholfrei mag, verwendet als Tränke Espresso.

ZUSATZINFO:

In den letzten Jahren ist die Ummantelung von Torten mit weißem Fondant oder auch mit Lebensmittelfarbe eingefärbtem Fondant in Mode gekommen. Das versüßt die Torte natürlich. Diese Variante ist etwas für ausgesprochene „Süßschnäbel".

Ein Mürbeteig als untere Tortenplatte bei Biskuittorten ist auf Sizilien generell nicht üblich. Mürbeteig wird z. B. in Verbindung mit Obst als Crostata eingesetzt.

BIRNEN-BAISERKUCHEN

Backzeit: Mürbeteigboden ca. 10 Minuten bei 180 °C, Baiserboden ca. 45 Minuten bei 170 °C
Kühlzeit: einige Minuten **Backform:** 26er-Springform

Zutaten

Für den Mürbeteigboden

50 g Puderzucker

100 g Butter, kalt

150 g Mehl

1 Prise Salz

1 Pck. Vanillezucker

Für den Baiserboden

3 Eiweiß

150 g Zucker

150 g gestiftelte Mandeln

Für die Füllung

1 Dose Birnen (850 ml/halbe Frucht)

¼ l Birnensaft (aufgefangener Saft aus der Dose)

¼ l Weißwein, trocken

1 Pck. Vanillepuddingpulver

Zum Garnieren

etwas Marmelade nach Belieben

1–2 Becher (à 200 ml) Sahne (Menge nach Belieben)

nach Belieben geröstete Mandeln oder Krokant

Zubereitung

Für den Mürbeteigboden alle Zutaten nach und nach zu einem Mürbeteig verkneten und eine halbe Stunde im Kühlschrank ruhen lassen. Den Teig ausrollen, den Boden der Backform damit auslegen oder den Teig mithilfe der Backform auf die Größe des Springformbodens bringen und auf ein mit Backpapier belegtes Backblech geben. Im vorgeheizten Backofen bei 180 °C Ober-/Unterhitze circa 10 Minuten backen.

Für den Baiserboden das Eiweiß mit Zucker schaumig aufschlagen und die Mandelstifte unterheben. Die Springform mit Backpapier auslegen, die Eiweißmasse in die Backform geben und im vorgeheizten Backofen bei 170 °C Umluft circa 45 Minuten backen.

Für die Füllung die Birnen abgießen und den Saft auffangen. Den Birnensaft und den Wein in einen Topf geben, das Puddingpulver unterrühren, alles erhitzen und die Masse unter Rühren andicken. Die Birnen in Stücke schneiden, unter die Creme ziehen und alles etwas abkühlen lassen.

Fertigstellung: Den Mürbeteigboden mit Marmelade bestreichen und den Baiserboden darauflegen. Einen Tortenring um die Böden setzen. Die Füllung in den Tortenring geben und zum Abkühlen in den Kühlschrank geben. Die Sahne aufschlagen und den Kuchen auf der Oberseite mit der Sahne bestreichen. Zum Schluss nach Belieben mit gerösteten Mandeln oder Krokant bestreuen.

Tipps

- Wer mag, kann auch ein paar Birnenhälften auf den Boden und dann die Creme darübergeben.
- **Für eine alkoholfreie Variante** kann man auch gut hellen Traubensaft oder Apfelsaft anstelle des Weins verwenden.

KIRSCHKUCHEN MIT STREUSELN

Backzeit: ca. 60 Minuten bei 175 °C **Kühlzeit:** einige Minuten **Backform:** 26er-Springform

Zutaten

Für den Teig

200 g Mehl

80 g Zucker

100 g Butter

1 Ei

1 Prise Salz

Für die Füllung

2 Gläser (ca. 750 ml) Sauerkirschen (z. B. Schattenmorellen) – alternativ ca. 1 kg frische Kirschen

1 Pck. Puddingpulver (Vanille- oder Mandelgeschmack)

Für die Streusel

80 g Butter

80 g Zucker

100 g Mehl

1 Msp. Zimt

Zubereitung

Für den Teig die Zutaten mit der Hand oder einer Küchenmaschine zu einem Knetteig verarbeiten, in Folie wickeln, circa 20 Minuten kalt stellen und in eine gut gefettete Backform geben. Zwei Drittel des Teiges auf dem Boden der Backform verteilen, aus dem restlichen Teig eine oder mehrere Rollen formen, damit den Teigrand auskleiden und diese am Teigrand circa 3 cm hochziehen bzw. hochdrücken.

Für die Füllung die Sauerkirschen durch ein Sieb geben, den Saft dabei auffangen und die Kirschen auf dem Teigboden verteilen. Knapp ½ Liter des Kirschsaftes mit dem Puddingpulver in einem Topf zu einer cremigen Puddingmasse einkochen und auf den Kirschen verteilen.

Für die Streusel Zucker, Mehl und Zimt in eine Schüssel geben. Butter in einem Topf erhitzen und schmelzen. Dann die flüssige Butter zu der Mehlmischung geben und mithilfe von zwei Gabeln zu Streuseln verarbeiten.
Die Streusel auf der Kirschmasse verteilen und im vorgeheizten Backofen bei 175 °C Ober-/ Unterhitze circa eine Stunde backen. Den Kuchen abkühlen lassen und aus der Form nehmen.

Marcels Varianten:

Streuselkuchen mit frischen Kirschen

ca. 1 kg Kirschen
ca. ½ l Kirschsaft

Die Kirschen aus dem Glas durch ca. 1 kg frische Kirschen ersetzen. Diese entkernen und auf dem Teigboden verteilen. Den Kirschsaft mit dem Puddingpulver zu einer cremigen Puddingmasse aufkochen (siehe Rezept).

Streusel mit kalter Butter

Ca. 90 g Butter, 90 g Zucker, 1 Prise Salz, etwas Vanillemark vermengen und ca. 150 g Mehl vorsichtig unterkneten, bis sich eine streuselige Struktur gebildet hat. Streusel über der Kirschmasse verteilen und den Kuchen im vorgeheizten Backofen bei 200 °C Ober-/Unterhitze circa 30–35 Minuten backen.

WINDBEUTEL

Backzeit: ca. 15–20 Minuten bei 210 °C **Kühlzeit:** einige Minuten **Backform:** Backblech

Zutaten

**Für circa
20 Windbeutel**

Für die Brandmasse

250 ml Milch

250 ml Wasser

150 g Butter

1 Prise Salz

etwas Zitronensaft

etwas geriebene
Muskatnuss

250 g Weizenmehl

8 Eier (Gr. M)

Zubereitung

Milch, Wasser, Butter, Zitronensaft und Muskatnuss in einem Topf aufkochen. Das Mehl einmal sieben, in die kochende Flüssigkeit geben und sofort gut unterarbeiten. Unter weiterer Hitzezufuhr so lange weiterrühren, bis sich die Masse vom Rand des Gefäßes löst und zu einer Kugel formt. Von diesem Röstvorgang hat die Brandmasse auch ihren Namen, da sie quasi „gebrannt" wird. Sobald die Masse abgeröstet ist, diese zum Abkühlen in einen Topf umfüllen und etwas auseinanderdrücken. Wenn die Masse abgekühlt ist, die Eier nach und nach unter die Masse rühren, bis sie eine spritzfähige Konsistenz bekommt. Die Brandmasse in einen Spritzbeutel mit großer Tülle geben, auf ein mit Backpapier ausgelegtes Backblech legen und dann in Rosettenform aufspritzen. Die Brandmasse nicht zu groß aufspritzen, da sie im Backofen stark aufgeht. Die Rosetten sollten ca. 6–8 cm groß sein. Die Windbeutel im vorgeheizten Backofen auf der mittleren Schiene bei 210 °C Ober-/Unterhitze circa 15–20 Minuten ausbacken. Bevor die Backofentür geschlossen wird, noch eine Tasse Wasser mit in den Ofen geben: Das erzeugt Wasserdampf und lässt die Brandmasse so schön aufgehen. Die Backofentür während des Backens unbedingt geschlossen halten, da sonst die Brandmasse zusammenfällt und die Windbeutel keine Höhe und Größe mehr bekommen. Wenn die Windbeutel goldbraun gebacken sind, herausnehmen, abkühlen lassen und je nach Füllung in der Mitte einmal waagerecht durchschneiden.

Mögliche Füllungen

Menge jeweils für 6–7 Windbeutel

Fruchtsahnecreme

3 Eigelb (60 g)

60 g Zucker

100 g Fruchtpüree, z. B. Erdbeere

3 Blatt Gelatine

500 ml Sahne, aufgeschlagen

1 Prise Salz

1 Spritzer Zitronensaft

Puderzucker nach Belieben

Sahne mit frischen Früchten

500 ml Sahne

etwas Sahnesteif

etwas ausgekratztes Mark
einer Vanilleschote

300 g frische Früchte der Saison

Gekochte Vanille-Schokocreme

500 ml Milch

75 g Zucker

etwas ausgekratztes Mark
einer Vanilleschote

1 Prise Salz

3 Eigelb (60 g)

45 g Vanille-Puddingpulver

100 g dunkle Kuvertüre

100 g dunkle Kuchenglasur

Zubereitung

Fruchtsahnecreme

Eigelb, Zucker und Fruchtpüree in einen Topf geben und unter Rühren auf ca. 75 °C erhitzen, bis die Masse anfängt zu binden bzw. sämig wird. Die Gelatine in kaltem Wasser einweichen, ausdrücken und in der heißen Flüssigkeit auflösen. Die Creme abkühlen lassen, bis sie beginnt anzuziehen. Dann die aufgeschlagene Sahne unter die Creme geben und mit Salz und Zitronensaft abschmecken. Die Creme in einen Spritzbeutel geben, die aufgeschnittenen Windbeutel damit füllen, kurz kalt stellen, dann den Deckel auflegen und mit Puderzucker bestäuben.

Sahne mit frischen Früchten

Die Sahne mit etwas Sahnesteif aufschlagen und Vanillemark unter die aufgeschlagen Sahne geben. Die Früchte klein schneiden, die aufgeschnittenen Windbeutel mit den Früchten belegen und die Sahne mit einem Spritzbeutel darübergeben. Noch einige Früchte darauflegen und dann den Deckel daraufsetzen. Mit einer Sahnerosette verzieren.

Tipp

Wer die Sahnefüllung länger stabil halten möchte, kann anstelle von Sahnesteif auch 4 Blatt Gelatine einweichen, auflösen und unter die aufgeschlagene Sahne geben.

Gekochte Vanille-Schokocreme

400 ml Milch mit Zucker, Vanillemark und Salz in einem Topf aufkochen. Die restliche Milch mit Eigelb und Puddingpulver verquirlen. Wenn die Milch kocht, die verquirlte Mischung zugeben und unter ständigem Rühren alles zusammen erhitzen, bis eine cremige Masse entstanden ist. Die Creme in eine Schüssel umfüllen und abkühlen lassen. Die Kuvertüre in einem Topf auflösen, unter die Creme rühren und alles abkühlen lassen. Wenn die Creme erkaltet ist, die Windbeutel mit einem Spritzbeutel mit Lochtülle seitlich einstechen und die Creme einspritzen, bis diese gut gefüllt sind. Die Oberseite der Windbeutel nach Belieben mit Kuchenglasur bestreichen.

ZIMTSCHNECKENTORTE

Backzeit: ca. 30 Minuten bei 160 °C **Kühlzeit:** einige Minuten **Backform:** 26er-Springform

Zutaten

Für den Teig

500 g Mehl

21 g Hefe

200 ml kalte Milch

70 g Zucker

1 Ei

2 Eigelb

90 g weiche Butter

1 TL Salz

Für die Füllung

2 EL Rübenkraut

60 g weiche Butter

1 EL Zimt

4 EL Zucker

Zusätzlich:

Zum Bestreichen
1 Eigelb und ein
paar EL Milch

Zubereitung

Für den Teig Mehl, Salz und Zucker in eine Schüssel geben und verrühren. Die Hefe zerbröseln und in der Milch auflösen. Ei, Eigelb, Butter und die Hefemilch in die Schüssel geben und unterrühren. Mit einem Handrührgerät mit Knethakenaufsatz oder einer Küchenmaschine lange und gut verkneten und mit der Hand noch mal nachkneten. Den Teig 1 Stunde gehen lassen. Dann den Teig zu einem Viereck von circa 30 x 35 cm ausrollen.

> **Marcels Tipp:**
> Wenn der Teig schneller gehen soll, vorher die Milch erwärmen, Hefe unterrühren, die trockenen Zutaten vermengen, warme Hefemilch, Ei, Butter unterkneten und das Salz zum Schluss zugeben.

Für die Füllung das Rübenkraut in einem Topf leicht erwärmen und Butter, Zimt und Zucker untermengen. Die Füllung darf nicht zu flüssig sein, sonst läuft sie während des Rollens aus den Seiten heraus! Die Füllung auf dem Teig verteilen, dabei einen Rand von circa 4–5 cm lassen. Den Teig mit der längeren Seite vorsichtig aufrollen. Die Rolle in drei Stücke schneiden. Diese erneut rollen und noch mal jeweils in drei Stücke schneiden, sodass es insgesamt 9 Stücke ergibt.

> *Tipp*
> Sollte doch etwas der Füllung aus den Seiten heraus-laufen, kann man sie später gut auf den geschnittenen Zimt-schnecken verteilen.

Die einzelnen Teigstücke mit der Schnittfläche nach oben in die gefettete Springform geben. Eigelb und Milch verquirlen, alles damit bestreichen, gut in Frischhaltefolie verpacken und über Nacht im Kühlschrank ruhen lassen. Am nächsten Tag aus dem Kühlschrank nehmen, erneut circa 1 Stunde gehen lassen und im vorgeheizten Backofen bei 160 °C Umluft circa 30 Minuten backen.

SCHNELLER BIENENSTICH

Backzeit: 30 Minuten bei 170 °C **Kühlzeit:** einige Minuten
Backform: 26er-Springform

Zutaten

Für den Teig

4 Eier

150 g Zucker

1 Pck. Vanillezucker

125 g Dinkelmehl, Typ 630

2 gestr. TL Backpulver

50 g Mandeln, gemahlen (alternativ gehen auch gemahlene Haselnüsse)

100 g Mandeln, gehobelt

15 g Zucker

25 g Butter

Für die Füllung

1 Pck. Vanillepudding- oder Cremepulver (Puddingpulver ohne Kochen)

400 ml Schlagsahne

Zubereitung

Für den Teig die Eier mit Zucker und Vanillezucker circa 7 Minuten in der Küchenmaschine oder einem Handrührgerät schaumig aufschlagen. Die Masse sollte sich in etwa verdoppeln. Das Mehl mit dem Backpulver mischen, sieben und dann portionsweise unter den Teig rühren. Dann die gemahlenen Mandeln vorsichtig unterrühren. Dabei aufpassen, dass man nicht die ganze Luft wieder rausschlägt. Die Springform mit Backpapier auskleiden und den Rand einfetten. Den Teig in die Springform füllen und die gehobelten Mandeln darüber gleichmäßig verteilen. Danach den restlichen Zucker daraufstreuen und im vorgeheizten Backofen bei 170 °C Ober-/Unterhitze circa 30 Minuten backen. Vor Backende am besten eine Stäbchenprobe machen.
Den fertig gebackenen Teigboden aus der Form lösen und vorsichtig auf ein Kuchengitter legen. Die Butter schmelzen, auf dem noch heißen Teigboden gleichmäßig verteilen und abkühlen lassen. Sobald der Boden abgekühlt ist, diesen einmal waagerecht durchschneiden.

Für die Füllung das Pulver in ein hohes Gefäß füllen und zusammen mit der Sahne mit einem Handrührgerät circa 1,5 Minuten cremig rühren. Die Creme auf den Boden des Kuchens streichen und mit dem zweiten Boden (mit den Mandeln auf der Oberseite) darauflegen.

Tipps

Je nach Geschmack kann der Bienenstich mit Früchten der Saison, z. B. Erdbeeren oder Himbeeren gefüllt werden.

Marcels Tipp: Wer mag, kann das Dinkelmehl auch 1:1 gegen Weizenmehl austauschen.

Marcels Tipp:

Gekochte Bienenstichcreme

350 ml Milch

1 Eigelb

10 g Butter

35 g Vanille-Puddingpulver

1 Prise Salz

etwas ausgekratztes Mark einer
Vanilleschote

60 g Eiweiß (ca. 2 Eier)

70 g Zucker

250 ml Milch mit der Butter, dem Salz und
dem Vanillemark in einen Topf geben und
aufkochen. Die restliche Milch mit dem
Puddingpulver und dem Eigelb verquirlen.
Das Eiweiß mit dem Zucker zu einem stabilen
Eischnee aufschlagen. Sobald die Milch
kocht, die Puddingpulver-Mischung einrühren
und alles zusammen aufkochen. Die so
gebundene Creme vom Herd nehmen, ein
Drittel des Eischnees unterrühren und die
Creme unter ständigem Rühren kurz
aufkochen. Die Creme vom Herd nehmen
und den restlichen Eischnee vorsichtig
unterheben, um das Volumen zu erhalten.
Die fertige Creme auf den unteren
Bienenstichboden streichen und dann den
oberen Boden auflegen. Den Bienenstich für
circa 2 Stunden in den Kühlschrank stellen.

Danksagung

Zum süßen Abschluss dieses Buches möchte ich mich ganz besonders bei dem Personenkreis bedanken, ohne den dieses Buch so hätte nicht Realität werden können.

Vor allem möchte ich mich bei unseren Zuschauerinnen und Zuschauern bedanken, die mich immer wieder mit ihren Einsendungen überrascht und inspiriert haben.

Außerdem danke ich den Redakteurinnen und Redakteuren der Sendung „Hier und heute", die diese Rezepte in schöne Bilder verpackt und dafür gesorgt haben, dass es immer genug Sendezeit gab.

Vielen Dank auch an die fleißigen Mitarbeiter der WDR-Requisite, die immer noch Zutaten herbeigezaubert haben, wenn ich einmal etwas vergessen hatte! Und, die mich immer durch jede Sendung von der Ankunft in Köln bis zur Heimfahrt nach Nettetal begleiten und unterstützen.

Auch ohne meine WDR-Autorin, die jedes Rezept optimal für mich vor- und aufbereitet hat und mir bei jeder Sendung zur Seite stand, würde ich nun nicht dieses Buch in den Händen halten. Ein echtes „Winning-Team"!

Danken möchte ich auch dem WDR-Moderatoren-Team, ohne das so manch herrlich komische

Situation nicht möglich gewesen wäre! Sie sind immer charmant, gut gelaunt und für jeden Spaß beim Backen zu haben. Ohne sie hätte ich nicht „so gut ausgesehen" … !

Ein herzliches Dankeschön an meinen Verlag, der dieses Projekt von der ersten Minute an mit der gleichen Begeisterung verfolgt hat, wie ich selbst, und mich stets in allen Belangen begleitet hat: menschlich, redaktionell, fotografisch und immer kompetent!

Nicht vergessen möchte ich auch den Redakteur dieses Buches, der mich in einer außergewöhnlichen Art und Weise während der Entstehung begleitet hat. Das Wort DANKE greift hier zu kurz!

Zum Schluss möchte ich zwei ganz besonderen Menschen in meinem Leben danken. Ohne sie wäre ich weder im Fernsehen noch hätte ich dieses Buch geschrieben. Es sind meine Frau Ulrike und mein Sohn Julian. Ohne ihren steten Rückhalt und ihre nicht enden wollende Unterstützung hätte ich nicht die Chance und den Freiraum in meinem Leben bekommen, um meine medialen Aktivitäten in die Tat umzusetzen. Sie haben das „Fernseh-Talent" in mir erkannt, bevor ich selbst so richtig daran geglaubt habe. Ich danke euch beiden von ganzem Herzen!

Allen Beteiligten nochmals meinen größten Dank,
Marcel Seeger

Impressum

LV.Buch im Landwirtschaftsverlag GmbH, 48084 Münster

© Landwirtschaftsverlag GmbH, Münster-Hiltrup, 2019

© WDR, Köln
   Lizenziert durch die WDR mediagroup GmbH

4. Auflage 2023

Titelgestaltung: LV.Buch im Landwirtschaftsverlag GmbH
Gestaltung: Frank Hegemann, LV MediaPro im Landwirtschaftsverlag GmbH
Fotografie Rezepte: Astrid Hafer, Timo Lutz Werbefotografie, www.timo-lutz.de
Fotografie WDR-Tag: Nico Weinberger, www.nicoweinberger.de
Redaktion: Peter Paulpeter, Journalist
Lektorat: Saskia Thiele, www.saskiathiele.de
Druck: Westermann Druck Zwickau GmbH

ISBN 978-3-7843-5624-2